青少年科技教育创新方案

北京市东城区崇文青少年科技馆　组织编写
陈 璘　郝玉林　陈阿娜　等　编著

化学工业出版社
·北京·

内容简介

《青少年科技教育创新方案》分为三大部分：传统文化+科技教育、创客+科技教育、综合素养+科技教育，共展示27个优秀方案。每个方案包括活动背景、活动目标、活动时间和地点、活动对象和规模、活动内容和形式、活动重点和难点、活动准备、活动过程及设计思路、活动效果测评等方案设计的全面内容，多数方案给出了活动亮点、活动不足及改进措施，对学校及青少年科技教育机构实施青少年科技教育有一定的启发和参考作用，可以丰富广大教师及培训从业人员对青少年创新能力培养的手段。这些优秀的活动方案可借鉴性强，可供教师及从业人员直接应用于实际工作中。

图书在版编目（CIP）数据

青少年科技教育创新方案 / 北京市东城区崇文青少年科技馆组织编写；陈璘等编著. — 北京：化学工业出版社，2024.7

ISBN 978-7-122-45707-3

Ⅰ.①青… Ⅱ.①北… ②陈… Ⅲ.①青少年 – 科学教育学 – 案例 Ⅳ.①G40-05

中国国家版本馆CIP数据核字(2024)第101879号

责任编辑：王清颢　　　　责任校对：李雨晴

装帧设计：王晓宇

出版发行：化学工业出版社

（北京市东城区青年湖南街13号　邮政编码100011）

印　　装：大厂聚鑫印刷有限责任公司

710mm×1000mm　1/16　印张10¾　字数176千字

2024年8月北京第1版第1次印刷

购书咨询：010-64518888　　　　售后服务：010-64518899

网　　址：http://www.cip.com.cn

凡购买本书，如有缺损质量问题，本社销售中心负责调换。

定　　价：88.00元

编委会名单

前言

校外教育是我国基础教育的重要组成部分，是校内教育的有益补充与延伸。在新的历史时期，校外教师要适应形势变化，加强校外教育理论研究，调整教学活动策略，形成个性化、专业化的教育方式，更好地满足青少年发展需要。

为优化校外教师专业成长平台，加强校外教师队伍建设，提升校外教育质量，北京市组织了校外教育机构教师专业展评活动。校外教师展评活动是提高首都校外教育质量的一个重要举措。校外教育机构教师展评活动以校外活动案例评选为核心，引导教师学习现代教育教学理念，鼓励教师探索校外教育规律。

东城区崇文青少年科技馆（书中简称“崇文科技馆”）积极参加北京市校外教育机构教师专业展评活动，并在历届展评活动中都取得了优异成绩。为了更好地总结崇文科技馆在青少年科技教育改革实践中的重要成果，充分发挥青少年科技教育理论与实践探索成果的指导作用，我们将崇文科技馆教师的优秀科技教育活动方案结集成书，以资借鉴。秉承“以交流促创新，以创新促发展”的宗旨，坚持真实、质朴、专注的理念，本书全方位展示了 27 个优秀的科技教育活动方案，这些活动方案是教师在教育科研方面的实践经验，体现了教师对于校外教育规律探索的思考和收获，期望能够为从事科技教育的教师和科普工作者提供帮助。

本书凝聚了崇文科技馆教师的辛勤付出，得到了北京市与东城区各级教育行政部门与教科研部门的指导和帮助，在此一并表示真挚谢忱。

由于编者水平有限，书中难免存在不足之处，恳请广大读者批评指正。

编著者

目录

第一篇

传统文化 + 科技教育

方案 1

识艾叶 · 种艾草——艾叶中医药科普活动

王佳

活动背景

（1）《“十四五”中医药发展规划》明确提出：“坚持中西医并重”“推进中医药和现代科学相结合”“中医药文化大力弘扬。中医药文化产品和服务供给更为优质丰富，中医药博物馆事业加快发展，文化传播覆盖面进一步拓宽，公民中医药健康文化素养水平持续提高，中医药文化影响力进一步提升。”“加强中医药文化研究和传播。深入挖掘中医药精华精髓，阐释中医药文化与中华优秀传统文化的内在联系。……推动中医药文化贯穿国民教育始终，进一步丰富中医药文化教育。”

（2）《中国学生发展核心素养》明确提出要培养学生自主发展健康生活理念。《关于全面加强新时代大中小学劳动教育的意见》中，阐述了加强大中小学生劳动教育的新要求。通过实地考察艾草种植园，可以为学生直观地呈现出中草药种植方式和生长状态。学生可以尝试亲手采摘艾叶，体验中草药采摘方法；亲身体验种植艾草过程，体会中草药种植的辛苦。学生在活动过程中体验劳动的价值，从而养成热爱劳动的好习惯。

（3）学情分析。本次活动参与者为五年级学生 40 人。五年级学生具有一定的动手实践能力，报名参加活动的学生对中医药文化有一定兴趣。作为本次活动的前期准备，学生通过校内课程中的“端午节小故事”初步了解过艾叶。在此基础上，学生参加过一次关于中药艾叶的室内讲座，初步了解艾叶的中药药效。学生渴望进一步去中草药种植地考察生长状态的艾草，亲身触摸艾草、闻嗅艾草、采摘艾草。本次实践活动从学生的需求出发，为学生营造一个新的学习体验环境。学生能够身临其境地学习艾叶的中医药知识，体验种植中药艾草盆栽。

活动目标

知识与技能：通过考察中草药种植地，聆听植物学专家讲解，学生能认识并区分具有芳香气味的中草药植物——艾草，并初步了解艾叶的药用价值与功效。通过种植艾草盆栽，学生可以了解艾草繁殖培育的植物学知识。

过程与方法：在中草药种植地，让学生实地观察到生长状态的艾草的特性，并要求他们用语言进行总结归纳。从而训练他们的头脑思辨和语言表达能力。在种植艾草盆栽的过程中，培养学生动手实践能力。

情感态度价值观：通过实践活动，激发学生对中医药文化的兴趣，增强他们继承中华优秀传统文化的意愿，让学生初步体验劳动的价值，收获劳动成果，培养学生热爱劳动的好习惯。

活动时间和地点

活动时间：150 分钟。

活动地点：北京市少年宫内的教学植物园的药用植物园。教学植物园是全国唯一一所专门为中小学相关学科教学实习、科普及环境教育的教育教学单位，是“北京市科普教育基地”。其中常年种植的中草药植物有艾草、枸橘、板蓝根、何首乌、虎杖、羊蹄、黄精、玉竹、铃兰、丹参、益母草、薄荷等。

活动对象和规模

学生 40 人，教师 4 人。

活动内容和形式

（1）学生聆听专家讲解，从植物学的角度考察中草药种植地，并以小组合作交流的形式，重点探究具有芳香气味的中草药植物艾草的特性，完成活动任务单。

（2）学生用艾草根苗种植艾草盆栽，学习种植知识，收获种植成果。

活动重点和难点

活动重点：认识艾叶的中药功效。

活动难点：掌握种植艾草盆栽的具体方法。

活动准备

（1）制订活动方案和活动安全预案。

（2）与教学植物园、学校相关人员商讨确定活动内容。

（3）准备活动所需材料，设计并制作活动手册。

（4）开展一次关于中药艾叶的室内讲座。

（5）前往教学植物园提前布置活动环境。

活动过程及设计思路

活动环节	教师活动	学生活动	活动设计意图
活动准备	教师与学生在活动地点集合		引导学生进入活动环境
活动开始	教师引领学生来到活动地点，介绍活动内容，分发活动手册。小组合作完成活动闯关任务，即可获得印章奖励	学生领取活动手册，分小组进行活动。每5位学生组合为一组，共8组。组长抽取一张活动任务单	明确学生本次活动任务，并提出具体学习要求
考察药用植物园	教师组织引导学生参观药用植物园。 教师帮助学生了解药用植物园中的中草药植物	学生参观药用植物园，认识园中种植的中草药植物	激发学生学习中医药知识的兴趣，锻炼学生记忆力，加强学生思维的全面性与逻辑性
考察药用植物艾草	教师引导学生来到艾草种植区，讲解艾草的植物学知识和艾叶的中医药知识	学生合作探究，每个小组完成各自的活动任务单	促进学生小组合作交流，调动学生学习积极性

续表

活动环节	教师活动	学生活动	活动设计意图
种植艾草盆栽	教师分发种植材料，包括艾草根苗、营养土、花盆、一次性手套、小铲子。 教师讲解艾草种植方法。 教师讲解如何完成活动手册中的《艾草成长记》	学生了解艾草种植知识，学生和小组成员们一起合作，体验艾草根苗种植过程	① 培养学生动手实践能力，培养学生劳动意识。 ② 激发学生对艾草生长过程的观察兴趣
活动总结与交流	组织学生整理活动现场环境卫生。 总结活动目标实现情况，分析活动中出现的问题，点评学生表现	① 学生整理活动现场卫生，归还铲子等工具。 ② 学生填写活动评价表、交流活动感言	① 培养学生良好的卫生习惯，锻炼学生的表达能力和倾听习惯。 ② 培养学生传承中国传统中医药文化的意识，引发学生对后续课程的兴趣

活动效果测评

（1）活动过程中

① 教师在各环节中观察学生活动积极性和活动效果，在活动过程中设置多个闯关任务，包括：考察药用植物园艾草种植区，各小组完成不同内容的活动任务单；完成艾草盆栽种植；积极交流分享展示；能保持活动周围环境整洁。每完成一个闯关任务，学生获得一枚印章奖励，由教师盖在活动手册《活动效果评价表》的“教师点评”一栏中。学生集齐 4 枚印章，教师发放中医药活动纪念品予以鼓励。

② 学生填写《活动效果评价表》的自评和互评，即时检测活动参与效果。

③ 学生展示活动成果——艾草盆栽。

（2）活动结束后

① 学生填写活动手册，回家观察艾草盆栽生长状态并记录。

② 教师对班主任和家长进行回访，1 个月后收集学生填写好的活动手册，进行评价、总结。

活动反思

识艾叶 · 种艾草——艾叶中医药科普活动是“课本中的中医药文化”实践活

动之一，是从学生的校内教育课本出发，找到和中医药相关的知识点，由一个知识点辐射出的中医药系列实践活动。教育教学活动设计中的活动任务、活动目标在本次活动中均已达成，学生们有不同程度的收获。活动中的教学方法适合五年级学生，学生乐于接受、乐在其中。活动环节设计得循序渐进、衔接得当，学生兴趣浓厚。在考察药用植物园中的艾草、种植艾草盆栽环节中，学生充分发挥自主探究精神，团队分工合作交流，教师辅助指导。

活动亮点

（1）活动前期准备充分。前期学生参加了一次室内讲座，通过观看关于艾叶的视频、图片，结合教师讲解，初步了解了艾叶的中药药效。教师通过和学生交流，发现学生极少有种植经验，学生对种植有着浓厚的兴趣，渴望去中草药种植地考察生长状态的艾草，自己种植艾草盆栽。教师从学生的兴趣点和需求出发，通过本次活动为学生们营造了一个新的学习体验环境，学生能够身临其境地学习艾叶中医药知识。

（2）活动效果评价多元化。活动设计了多个闯关任务，学生每完成一个闯关，就会得到一枚印章（由教师盖在《活动效果评价表》里）。集齐 4 枚印章的学生，活动结束后教师发放活动纪念品予以鼓励。学生通过展示和交流，得到教师、家长和同学的鼓励和认可，有助于他们建立自信。

（3）教师为本次活动设计了活动手册。活动手册内容和形式多样，可以起到引导学生学习，检测学生学习成果，及记录、归纳、总结的作用。实践活动与活动手册有机结合，真正做到让学生在实践中学习，在学习中实践。

（4）拓展学生古诗词传统文化知识。活动后，学生利用课余时间阅读拓展材料《古诗文中的艾叶》，从古诗文中欣赏艾草的美，感受中国传统文化古诗词的魅力。

（5）本次活动既有专业性，又贴近生活，能够激发学生的潜能，锻炼学生的动手实践能力和表达能力，增强他们对中医药知识的认识，让他们在体验中收获知识、提升能力、获得乐趣。

活动不足及改进措施

学生种植使用的小铲子和一次性手套，方便种植操作但不够专业，需要准备专业的园艺工具。

植物园场地空旷，教师讲解的声音不清晰，应该准备小扩音器。

本次活动环节较多，学生参与积极性很高，很多学生意犹未尽还想继续交流、深入探讨，建议在设计活动方案时增加互动时间。

方案 2

我的中草药朋友——南瓜

王悦

活动背景

（1）指导思想。《中共中央、国务院关于促进中医药传承创新发展的意见》中提出：把中医药文化贯穿国民教育始终，中小学进一步丰富中医药文化教育。

落实《东城区青少年“文化·传承 2030”工程实施意见》，将“中医药文化进校园”纳入全学段的育人体系之中，在丰富多彩的综合实践中传播中医药文化，普及相关知识，研习中医药文化，培养学生对祖国传统医药的认同感和自豪感，让学生树立健康生活理念。

推进北京市“三个一”项目建设，“知杏林 · 品百草”中医药科普教育活动传承中国传统文化，面向全体学生，着力于提供优质的活动。

（2）活动理念。

① 关注学生生活需求。借助传统中医药文化的优势，立足于学生当前及未来生活需求，带领他们认识中草药，与中草药交朋友，亲身体验种植中草药。让中医药文化真正走进生活实践，为学生打开一扇窗。

② 突出学生实践体验。以活动为载体，充分体现校外教育“活动育人”的特点。学生在实践中认知，在学习中体验，在体验中成长，通过多感官的体验和感受，增进对中医药文化的理解和认同。

③ 促进学生综合康复。该活动针对培智学校的学生设计，使学生通过在学习和劳动过程中动手动脑，提高感觉动作能力，发展认知能力和沟通交往能力，形成自信乐观的生活态度，促进学生身心康复。

活动目标

（1）观察南瓜，了解植物家族属性和形态结构，认知南瓜的药用部位，了解其药用价值，理解药食同源。

（2）种植南瓜，亲身体验中草药种植的乐趣。用彩泥捏南瓜，制作植物名牌，加强直观感受，锻炼动手能力，提高感统水平。

（3）参与互动体验活动，培养观察能力和提取信息的能力，培养与教师的交流沟通能力。

活动时间和地点

活动时间：150 分钟。

活动地点：东城区培智中心学校。

活动对象和规模

（全学段）学生 54 人，教师 15 人。

活动内容和形式

（1）教师讲解南瓜的植物家族属性和形态结构，讲解南瓜的药用部位和药用价值，介绍药食同源。

（2）学生体验用彩泥捏南瓜。

（3）学生体验种南瓜。

活动重点和难点

活动重点：种植南瓜。

活动难点：了解南瓜的药用部位和药用价值。

活动准备

（1）教师准备

① 设计活动内容，制订活动方案，制作 PPT。

② 制订活动安全预案，落实活动及安全工作。

③ 与东城区培智中心学校商讨活动内容，了解学生能力，研究细化活动方案。

④ 种植一盆小南瓜。

⑤ 准备活动所需材料：南瓜种子、营养土、花盆、花铲、彩泥。

⑥ 设计制作“药用植物观察”学习单和“小小南瓜快长大”画轴。

⑦ 在东城区培智中心学校开展一次主题活动，带领学生们做前期准备。

⑧ 布置活动环境，安排活动项目。

（2）学生准备

① 绘制绘本《南瓜宝宝》。

② 朗诵儿歌《小小南瓜》。

③ 制作工美作品——南瓜。

活动过程及设计思路

活动环节	教师活动	学生活动	活动的设计意图
活动开始	① 融入活动氛围，与学生热情互动。 ② 介绍活动内容	① 接受和信任教师。 ② 了解活动任务	共同进入活动氛围，建立互相信任的师生关系。明确活动内容和任务，激发学生参与活动的兴趣
初识“朋友”	① 引出中草药朋友——南瓜。 ② 鼓励学生展示。 ③赞扬学生前期准备成果	学生初识南瓜。 ① 展示绘本《南瓜宝宝》 ② 朗诵儿歌《小小南瓜》 ③ 展示南瓜相关美工作品	引导学生用多种形式初识南瓜
观察“朋友”	① 讲解植物家族属性。 ② 展示图片，认识南瓜的家族成员。 ③ 介绍南瓜的外形特征	① 了解南瓜所属的科、属、种。 ② 认识南瓜。 ③观察南瓜的外形特征	教师讲述，学生通过观察图片和实物，了解南瓜的植物属性和外形特征
对话“朋友”	① 展示盆栽南瓜。 ②提问：茎的形态结构。 ③提问：叶的形态结构。 ④提问：花的形态结构。 ⑤ 提问：果实的形态结构。 ⑥ 提问：种子的形态结构。 提问过程要引领学生用眼看、用手摸、用脑想	① 观察中草药植物。 ② 学生用手触摸茎，回答问题。 ③ 学生用手触摸叶片，回答问题。 ④ 学生用手触摸花，回答问题。 ⑤ 学生用手触摸果实，回答问题。 ⑥ 学生用手触摸种子，回答问题	教师实物展示，带领学生观察南瓜各部位；学生运用多感官联动感受。 师生有问有答，在互动中理解药用植物各部位的形态结构。 突显学生自主学习的主体地位
探究“朋友”	① 展示图片，引导学生了解南瓜茎叶的药用价值。 ② 展示图片，引导学生了解南瓜种子的药用价值	学生观看图片形象，提取信息，探究讨论，了解茎叶、种子的药用价值	此环节突破活动难点。教师出示南瓜各部分形象的图片，引导学生提取图片信息，自主探究，互动了解南瓜的药用部位及药用价值。提高学生自主学习、合作探究的能力
熟悉“朋友”	① 分享药食同源：南瓜饼、南瓜粥、南瓜花鸡蛋汤、清炒南瓜叶、干炸南瓜花…… ② 引导学生得出结论：南瓜本身具有食物和药物的双重功效	① 观看图片。 ② 了解南瓜的药食同源	引导学生初步了解药食同源的益处：有一些食物还能起到食疗保健的功效

续表

活动环节	教师活动	学生活动	活动的设计意图
制作	教师分发彩泥，带领学生捏南瓜	捏南瓜	学生通过捏南瓜直观感受
相交为友	① 教师分发材料。 ② 带领学生种南瓜	体验种植南瓜。 ①在花盆中倒入一袋营养土。 ② 将种子撒入土中，深约3厘米。 ③ 将土轻轻拍平	此环节解决活动重点。师生共同实践，体验种植南瓜，掌握南瓜的种植方法，锻炼动手能力。 鼓励学生在实践中认知，在学习中体验
“朋友”约定	① 诵读《我们的约定》：“小伙伴，我是你的好朋友。请你要常常看看我，记录下我的成长过程哦！” ② 讲述南瓜的养护方法	认真倾听	引导学生了解南瓜的养护方法，并激励学生建立责任心，用心培育小南瓜
活动总结	总结，布置延伸作业： ① 用照片和文字在“药用植物观察”学习单上记录南瓜的成长过程。 ② 用画笔合作完成“小小南瓜快长大”画轴	学生倾听，展示成果，合影留念	鼓励学生用照片和文字记录南瓜的成长过程，以便日后的继续观察与研究。承前启后，提升活动效果。为学生后面的自主探究做好准备

活动效果测评

（1）活动过程中

① 各环节中观察学生活动积极性和活动效果。

② 学生能否在教师的实物展示和互动问答中，了解南瓜的植物属性和形态结构。

③ 学生能否以自主探究的方式，提取图片信息，了解南瓜的药用部位及药用价值。

④ 学生能否认识到南瓜本身具有食物和药物的双重功效，理解药食同源。

（2）活动结束后

① 学生用照片展示，分享南瓜的成长过程。

② 学生分享“药用植物观察”学习单，反馈活动成果。

③ 完成集体作品。

活动反思

推进市级“三个一”优质项目建设，将“中医药文化进校园”活动送进每一所学校。依据培智学校学生的能力，从他们的实际需求出发，设计实施本次活动，帮助他们通过亲身实践、体验认识中草药，初步了解中医药传统文化。

活动亮点

① 充分考虑受众群体的特殊性，灵活运用以教师为主导、学生为主体的教育理念。

教师的主导作用体现在：活动准备、设计任务、展示实物、创设问题、启发引导等环节。教师引导学生主动探究，在层层递进的活动过程中，达到了活动预期的目标，取得了良好的活动效果。

学生的主体作用体现在：从始至终，学生是活动的主体，自主探究和实践体验贯穿于活动全过程。

活动准备阶段，学生初步认识了南瓜，并用不同的艺术形式进行展示。

活动实施阶段，学生交流互动，动手动脑，多感官共同参与。认识—了解—熟悉—种植—培育，通过这个层层深入的过程，学生真的实现与南瓜交朋友。

② 强调学生实践体验，充分体现校外教育“活动育人”的特点。学生们在实践中认知，在学习中体验，在体验中成长。教师鼓励学生用眼睛看、用鼻子闻、用手摸，学生通过多种感官感受，认知南瓜的植物家族属性和形态结构，了解南瓜的药用部位和药用价值，突破活动难点。通过捏南瓜、种南瓜等环节，解决活动重点。学生在亲身体验实践中增进对中医药文化的理解和认同。

活动不足及改进措施

今后的活动需要继续扩大活动的规模以及覆盖面；增强趣味性，始终以促进学生身心发展为中心，顺应学生的需求；通过丰富活动内容，切实提高活动质量。

方案 3
“故宫窗棂台灯制作”科普活动

张净

活动背景

中华传统文化博大精深，蕴含着丰富的人文内涵，浸润着中华民族的精神。2017 年 1 月，中共中央办公厅、国务院办公厅印发《关于实施中华优秀传统文化传承发展工程的意见》，首次以中央文件形式专题阐述中华优秀传统文化传承发展工作。2021 年 4 月，中共中央宣传部印发《中华优秀传统文化传承发展工程“十四五”重点项目规划》，制定出“十四五”期间中华优秀传统文化传承发展路线图。在校内课堂及校外活动中，引导学生学习中华优秀传统文化，为学生提供知识、技能和实践等多层次的学习体验，可以提升青少年文化素养，让传统文化成为学生生命的底色。

以传承中华优秀传统文化为目标导向的学科融合教育是一种具有本土特色的 STEAM（科学、技术、工程、艺术、数学多领域融合）教育。中国古建筑的窗，有着漫长的发展历史，是中国传统建筑颇具特色的部分，体现了中国传统文化的历史内涵、审美意蕴和空间美感。故宫，作为东方宫殿建筑的代表、世界宫殿建筑的典范，被联合国教科文组织列为“世界文化遗产”。而故宫里的窗，更是集中国的建筑精华于一身，内容丰富、技艺精湛，可谓是“一窗一世界”。

STEAM 教育强调学科融合，注重学生参与，是以项目学习为载体，运用科学探究过程和工程设计过程的教育。本活动采用团队合作的形式，让学生在解决问题的过程中学习、创造、创新。“故宫窗棂台灯制作”是让学生将书本上所获得的知识和原理，通过实践转变成解决问题的能力，在兴趣驱动、跨界融合、创意设计、动手实现、协作分享的活动过程中培养创造思维和创新能力，这和 STEM 教育的目标是一致的。

参与活动的是小学六年级学生，通过语文课《故宫博物院》的学习以及课外读物和相关资料的搜集，他们对故宫的历史、建筑、文物等有了初步的了解，为制作故宫窗棂台灯做好了充足的准备。此次活动将窗棂台灯与科技制作相结合，使学生在动手制作中了解传统文化，提高学习兴趣，培养学生的科学创造力和审美能力。

活动目标

（1）了解小台灯电路知识、导线连接方法，学会看设计图，掌握工程设计的基本步骤，即明确问题、制订方案、设计制作、改进完善等。

（2）学生掌握利用现代网络技术和计算机查找资料、收集资料、分析资料的方法。通过实践活动，学生不断提升科学、技术、工程学、数学等 STEM 素养。

（3）学生把自己的想法付诸实践，如围绕活动主题“故宫窗棂”对小台灯的外观进行设计等。

（4）学生学会对图片资料、素材等学习样本的整理、统计和数据分析等。

（5）学生学习古代建筑知识，结合物理、美学等多个学科领域设计窗棂台灯外观，提升艺术审美能力。

（6）学生在合作探究中，提高协作能力和团队意识。

活动时间和地点

活动时间：70 分钟。

活动地点：崇文科技馆综合厅。

活动对象和规模

小学六年级学生 40 人。

活动重点和难点

教学重点：学习了解窗的出现与发展，窗的种类与功能，故宫窗棂的主要图案与寓意，并将窗棂中的传统文化元素与台灯外观设计相结合进行创作。

教学难点：学习电路知识和电路图。

活动准备

（1）教师准备

① 故宫窗棂台灯制作套材。

② 与故宫活动负责人沟通，落实活动场地及需要物品。

③ 制作 PPT（课件），制作台灯，以便成品作为范例。

（2）学生准备

① 提前搜集窗的传统文化元素及故宫窗棂的图案。

② 提前打印好自己喜欢的窗棂图案，带到活动现场。

活动过程及设计思路

活动环节	教师活动	学生活动	设计意图
导入主题	通过小游戏引出活动主要内容及活动主题——故宫窗棂台灯制作。 对小游戏中积极参与的学生进行表扬或奖励	小游戏“找不同”。学生分组讨论老师展示的不同时期窗的图片，找出不同的地方	通过游戏、情境教学等方式，激发学生学习兴趣；通过资料分享及教师引导增加学生对传统文化了解
共享资料	鼓励学生将活动前了解的相关内容与其他同学分享，互相学习，在组内分享资料的同时学会资料分类，鼓励学生以组为单位进行资料展示	自主探究窗的出现与发展、窗的种类与功能、窗棂的主要图案与寓意等 以小组的形式，学生将活动前准备的资料在组内分享，并将资料进行筛选、分类、汇总	学生在实践中提升科学素养
融入元素	展示故宫窗棂图片、台灯成品，帮助学生打开思路 讲解小台灯制作步骤及原理，并进行演示示范。 对窗棂的美丽图案和吉祥寓意进行分析，引导学生将传统文化元素融入设计中，与台灯小制作相融合。 鼓励学生积极发言表达	① 学生根据故宫窗棂的主要图案与寓意对即将制作的窗棂台灯进行设计。 ② 已经有设计思路的学生分享自己的想法。 ③ 针对同学分享的方案发言发表建议，共同完善，同时为自己设计拓宽思路	学生将传统文化元素融入设计，拓展传统文化知识，掌握小台灯科技制作的步骤及原理，提升科学素养

续表

活动环节	教师活动	学生活动	设计意图
制作实践	教师在学生制作前引导学生再次回顾小台灯制作的步骤、原理及注意事项。 对学生制作过程中出现的问题及时引导。提醒学生使用工具时注意安全	学生按照自己的设计及学到的台灯制作步骤和原理进行制作实践，完成故宫窗棂台灯的制作	提高学生解决问题的能力。 学生将传统文化要素、美术元素、科技元素融合在一起，提升多方面素养
相互评价	①介绍从哪几方面评价作品。 ② 小组内展示时，教师关注每组情况，及时引导。 ③ 对于积极在全体同学面前展示作品的学生进行鼓励	① 每位学生在小组内展示制作成果，小组同学进行点评。 ② 每组推选 1 或 2 位学生在全体同学面前展示、介绍自己的作品。 ③ 积极评价展示的作品	小组内展示发言是为内向的学生提供展示机会，照顾到他们的情绪。小组选出 1 或 2 人在全体同学面前展示，是鼓励爱表达的学生，并给其他学生树立榜样
拓展活动	① 提问：除了窗棂外，还可以把小台灯设计成什么，要带有传统文化元素。 ② 对学生今天的表现进行总结	学生拓宽思路，描述小台灯还可以设计成哪些带有传统文化特色的样式	对学生今天的学习进行总结，鼓励学生今后多关注传统文化

方案4

非遗系列科普——景泰蓝“掐丝、点蓝”技术体验活动

张洁

活动背景

北京市《东城区“十四五”时期教育事业发展规划》强调“推进‘文化·传承2030工程’”，“加强新形势下中华优秀文化教育”。本次活动可让学生了解非物质文化遗产（简称非遗）的内涵和价值，认识非遗所蕴含的智慧。非遗文化包括实际操作层面的技艺传承，也包括精神层面的文化传承，二者紧密结合，缺一不可。

活动目标

在系列活动中，本次活动以动手体验景泰蓝的“掐丝、点蓝”技术为主，制作完成景泰蓝作品，为建党百年献礼。

活动时间和地点

活动时间：180 分钟。

活动地点：定安里小学。

活动对象和规模

小学四年级学生 56 人。

活动内容和形式

动手体验“掐丝、点蓝”工艺。

活动重点和难点

活动重点：动手练习“掐丝、点蓝”技术。

活动难点：学生感受学习工匠精神。增强学生民族自豪感、自信心，激发学生爱国爱党情怀。

活动准备

学生准备：了解景泰蓝的相关知识。

教师准备：

（1）设计学习单、学生评价单，准备景泰蓝视频介绍、党徽介绍及 PPT。

（2）与学校沟通活动，与相关专家、技术人员交流，了解相关知识。
（3）准备纸盘子、掐丝工具等。
（4）做好安全预案。
（5）布置场地。

活动过程及设计思路

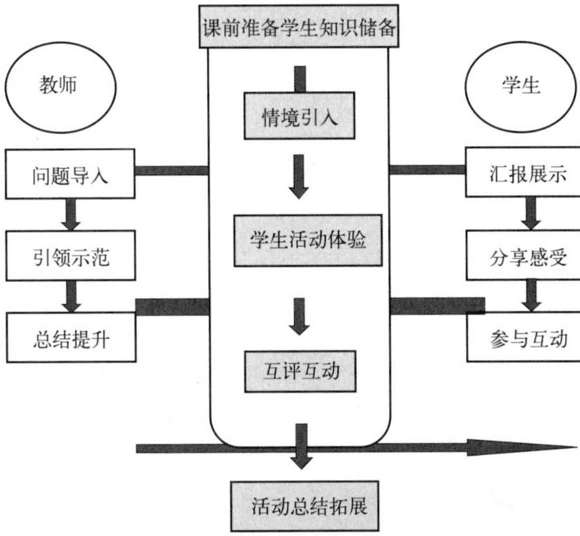

活动环节	教师活动	学生活动	设计意图
情境导入	播放景泰蓝介绍视频 发学习单，并引导学生填写	观看视频，并填写学习单	了解认识中国特色非遗传统文化的经典——景泰蓝
活动过程	① 介绍“掐丝、点蓝”工艺，它们在整个景泰蓝制作过程中是很重要的两个环节。 ② 引导学生认真观看“掐丝和点蓝”技术的视频。结合视频讲解“掐丝、点蓝”。 ③ 看完视频总结，引出建党百年的主题。 ④ 提问：谁知道党徽是由什么图案组成的？学生回答后播放PPT，展示党徽图案并引导学生说出党徽图案代表的意义。	观看并学习“掐丝和点蓝”的内容。 了解“点蓝”的技术和科学知识； 说出党徽的意义； 填写学习单；	引导学生观察视频中工匠师傅们精湛的技能，感受工匠师傅们工作的辛苦。 学生体会工匠精神。 引导学生了解党徽的由来和意义，进行爱国爱党教育。

续表

活动环节	教师活动	学生活动	设计意图
活动过程	⑤ 今天为建党 100 周年献礼，模拟景泰蓝的制作工艺，做一个景泰蓝的党徽。看谁能自己设计并制作出一个最有创意的作品。 ⑥ 出示已提前做好的景泰蓝党徽盘子，展示并讲解。 ⑦ 展示已做好的党徽掐丝成品（技法讲解示范）。引导学生动手练习掐丝的手法和技巧。并提出要求：作品完成的标准是：a. 丝必须按照图案去弯曲；b. 丝和盘子必须粘牢固。 ⑧ 巡视指导检查学生是否按要求做，及时发现学生掐丝过程中出现的问题，并纠正、解决。 ⑨ 学生掐丝完毕后，进行“点蓝”工艺的制作讲解：展示已做好的“点蓝”党徽（视频），讲解技法并提出要求：作品完成的标准是：a. 上色要均匀；b. 不能出丝。 引导学生自主创意设计为党献礼的党徽作品。 ⑩ 巡视指导检查学生是否按要求完成，发现学生在点蓝中出现的问题，及时纠正、解决。 ⑪ 完成作品后，引导学生按要求进行小组互评、师生点评。 小组评出优秀作品，展示作品 ⑫ 总结提问： a. 在完成过程中，有哪些困难？怎么解决的？ b. 有哪些不足，如何改进？ c. 点评优秀作品。 学生在叙说过程中，给予肯定并纠正不正确的表述。 引导学生说出活动的感受。总结活动 ⑬ 活动拓展：学生自主创意设计景泰蓝图案，为下次活动做准备	学生分组探究掐丝练习； 分组反复进行“点蓝”练习； 学生完成作品后小组讨论评出好的作品； 学生回答； 说对活动的感受和体会； 设计新图案； 完整填写学习单内容	激发学生对景泰蓝党徽制作的兴趣 掐丝是重点 点蓝是重点 引导学生产生民族自信和自豪感，敬佩为景泰蓝工艺做贡献的传承者们 拓展练习能激发学生进一步对传统文化的认识

活动效果测评

（1）初始性评价。通过播放视频和提问互动，评估学生是否对工匠精神有了初步认识。

（2）过程性评价。小组成果交流、学生自评互评、教师点评。

（3）总结性评价。通过学生作品来检测学生学习程度；了解学校对活动的认可度；了解学生对活动的喜爱和需求。

（4）创造性评价。评估学生独立设计完成的程度。

活动反思

在系列活动中，本次活动以景泰蓝的“掐丝、点蓝”技术为主题，与现代社会文化背景和活动目标相结合，利用校外资源，校外与校内实践活动相融合，学生动手体验制作景泰蓝作品，为建党百年献礼，增强学生的民族自豪感和民族自信心，培养学生爱国爱党情怀。

本次活动结合学生特点和需求，较好地达到了预期目标，活动的重、难点突出，学生通过动手体验“掐丝、点蓝”技术，感受景泰蓝传统工艺文化的魅力。活动过程中，学生积极参与、热情度高。活动深受学生、家长、学校的喜爱和欢迎，达到了较好的教学效果。

活动亮点

（1）将景泰蓝“掐丝、点蓝”技术的动手体验活动与建党百年这一主题巧妙结合。学生自主创意设计制作作品，为建党百年献礼。

（2）在“掐丝、点蓝”的动手实践过程中，充分发挥小组团队协作精神，让学生自主探究、创意，完成作品。活动中知、情、意、行相结合，实现了育人的全过程。

（3）以学生为主体，由学生进行动手实践、互动互评，由学生提出问题、解决问题，老师辅助。学生在教师的引导下对“掐丝、点蓝”技术进一步理解和体会。培养了学生不怕辛苦，细致、严谨、注重细节的工作态度和一丝不苟的工匠精神。

活动不足及改进措施

（1）在活动形式上还要精心设计，多加入小组合作互动的环节。

（2）学生的水平和动手能力不同，在辅导学生动手练习时，需要加强对课堂时间的掌控。

（3）在教学方法和形式上，要加强多媒体手段的运用，使课堂教学更加生动有趣。

以后的活动，一切要从学生实际出发，从学生需要出发，与校内实践活动紧密结合。

方案 5 线描绘画北京中轴线上的建筑

史占文

活动背景

（1）指导思想。中轴线不仅北京的，也是中国的和世界的，“中轴线”这个主题本身有着非常重要的意义和价值。优秀的传统文化是一个国家、一个民族的灵魂。以传统文化为教育载体立德树人，可以培育学生的核心素养，建立学生的文化的自信，提升学生的历史人文情怀和审美情趣，拓宽学生的艺术实践的范围，弘扬和传承京味文化。

（2）学情分析。崇文科技馆的美术与科幻画兴趣小组在“三个一”特色项目的引领下，围绕立德树人的核心目标，加强学生人文底蕴和创新能力的培养，注重实践能力的训练。学生在平时的写生过程中，学习和积累了各种线描的表现方法，初步掌握了怎样观察、概括。学生多在小学阶段，接受能力比较强。

（3）相关知识。北京中轴线是中国文化的子午线，起始于元，形成于明，延绵七百余年。中轴线南起永定门，北至钟楼，总长 7.86 公里，是世界上现存最大、最长的城市中轴线，被誉为“世界城市建设史上的奇迹”。中国古建筑是中国传统文化的精髓之一，中轴线是这些经典的展示，是古代皇家文化的集中体现。故宫又名“紫禁城”，是北京中轴线的重要组成部分。据说故宫是模仿人们想象中天宫的样子建造的，讲究“天人合一”，周围还环绕着二十八星宿。“紫”代表着紫垣正中，有着至高无上的尊严，严禁侵扰，所以故宫又叫作紫禁城。故宫里一共居住过 24 位皇帝，第一位是明永乐皇帝朱棣，最后一位是清宣统皇帝溥仪。

2011 年，北京“中轴线”申遗文物工程启动。

活动目标

（1）突出传统文化特色。学生走进北京中轴线，用线描写生古代建筑，提高线描绘画的表现力和组织画面的能力。

（2）让学生体会和感受线描写生的乐趣。用线画建筑写生，某种程度和速写相同，追求线的造型准确与趣味，不同于速写的是需要画出更多的细节。

（3）提高学生审美能力，让学生了解北京城的历史，弘扬和传承京味文化，强化人格品德教育，培养学生热爱祖国传统文化的情感。

活动时间和地点

活动时间：120 分钟。

活动地点：崇文科技馆。

活动对象和规模

小学五、六年级学生，12 人。

活动内容和形式

活动内容：用线描的方式写生北京中轴线。

活动形式：教师演示、学生观摩，并进行绘画体验。

活动重点和难点

活动重点：完成中轴线建筑的线描画。

活动难点：绘画过程中的构图与线描疏密关系处理。

活动准备

教师准备：A3 白卡纸、黑色墨水勾线笔、4 开画板、PPT 等。

学生准备：A3 白卡纸、黑色墨水勾线笔、4 开画板。

活动过程及设计思路

活动环节	教师活动	学生活动	设计意图
活动引入	教师提问：什么是北京中轴线？请说出在中轴线上有什么重要建筑	学生回答	通过回答问题进入中轴线绘画主题
倾听：讲解中轴线的故事	教师展示相关图片，讲解北京中轴线基本信息。 教师讲解中轴线的故事，中轴线的产生原因，“紫禁城”名字的由来	观看中轴线上的建筑图片，了解中轴线的历史。 根据看到的中轴线建筑，说说自己对这些建筑的感受，描述建筑的特点	观看中轴线建筑图片，通过这些建筑图片进行绘画构思，感受中轴线文化的博大与深厚。 学习了解北京的历史及通过中轴线的绘画，感受京味文化的魅力
活动介绍与要求	① 活动介绍 本次活动画的是故宫里的重华宫和景山公园里的绮望楼，这两组建筑学生任选一组进行绘画。 ② 活动要求 中轴线上皇家建筑的特点是造型威严、高大与端庄，结构丰富，直线和曲线很多，造型优美，跟本小组其他活动画过的胡同不同，胡同建筑中生活物品很多，皇家建筑没有这些，建筑造型非常清晰。所以在画的时候首先要注意整体构图，然后是建筑细节刻画，要画出画面的疏密组合与建筑的美。 重要的是画面要有情感，把自己对跨越七百多年古代建筑的理解画出来，画出皇家建筑的威严与至高无上，画出岁月与沧桑，体现自己的情感	① 根据活动内容介绍，分析本次线描绘画中轴线建筑的关键点，了解在绘画过程中线描的多种表现方法。 ② 线描绘画本身具有很大的约束力，学生思考如何拓宽线描的表现力，在绘画中力求创新，从传统中走来，不为传统所约束，把自己平时的积累展示出来，虽然没有其他的绘画辅助措施，比如颜色和深浅变化，用线条依然能够丰富地展现，这就是绘画的基本功	通过“线描中轴线”活动的开展，使学生掌握和积累绘画技能，培养学生发现、感知、欣赏、评价美的综合艺术修养

续表

活动环节	教师活动	学生活动	设计意图
分享与分析	① 画面构思分享 在线描绘画北京中轴线布置完成后，请学生分享自己的绘画构思并进行交流。 绘画中轴线选取的这两组建筑各有特点，重华宫图片是侧面的，透视关系比较复杂，成角透视，所以画的时候既要考虑建筑的透视关系，又要处理好画面的组合关系。 ② 教师点评	① 构思分享自己的理解，包括如何进行绘画表现，怎样构图，怎样把建筑画出历史的年代感，怎样运用线描的表现形式…… ② 分享过程中，也可以扩展学生思路，包括学生对中轴线历史的理解	了解北京中轴线文化内涵，让活动更有趣味与深度。引导学生画出历史感，让绘画走入精神的境界，而不仅仅停留在表现物质的层面。这也是中国哲学“超以象外，得其寰中”的正确解读
绘画开始、总结经验	① 在学生绘画过程中适时予以启发引导，尤其中间阶段，指导学生怎样处理局部与整体的关系等。 ② 引导学生用自己喜欢的画法进行表现，指导学生在绘画过程中怎样着重处理画面的主要地方，怎样刻画细节。 ③ 巡视辅导，发现好的绘画方法与效果，及时鼓励与推广	① 学生在故宫重华宫和景山绮望楼两个建筑中自主选择进行绘画。 ② 学生进一步发挥想象进行绘画表现，在用线造型时，要大胆刻画，保持线描的纯粹性，克服不敢下笔的心理	① 鼓励学生深入思考。 ② 让学生体会完整绘画过程
活动小结与分享	① 展示学生完成的作品，挑选具有代表性的作品进行分析。 ② 让学生本人来向大家介绍自己的绘画体会	① 通过分析总结，更好地清楚自己的优点与不足，锻炼自己的语言表达能力。 ②介绍自己的创意与构思	活动小结也是活动的检测过程，检测目标、重点、难点是否完成

活动效果测评

（1）活动过程中关注学生的活动状况，评估学生是否主动参与，北京中轴线建筑的线描画是否完成，评估绘画作品效果。

（2）活动分享环节通过交流，检测学生的收获，评估学生是否对北京中轴线文化有了深入了解。

（3）评价活动中画面构图与整体线描的疏密结构关系是否合理，检测标准是构图疏密得当，建筑与环境融为一体。

方案 6

方寸之合——四合院建筑模型砖墙制作

吴振维

活动背景

（1）指导思想。党的二十大报告中强调“传承中华优秀传统文化”。为了培养学生核心素养中人文底蕴的审美情趣与实践创新中的技术运用等能力，在已开展的传统建筑模型课程体系中，加入一节基础结构制作课程，来增强学生对于结构的理解和板材的运用。通过本次课程，学生还能了解四合院建筑的文化内涵，对传统建筑文化产生兴趣。

（2）活动背景。传统建筑模型课程是崇文科技馆负责的东城区“文化传承 20·30”工程的优秀历史文化建筑中的课程。本课程贯彻立德树人的理念，专注培养学生坚持不懈的品质与严谨的工程制作思维，激发学生对中华文化的兴趣、对建筑设计的兴趣，为祖国的建筑工程事业培养人才。

（3）学情分析。小学四至六年级正是学生学习立体几何的萌芽阶段，建筑模型的几何结构能直观有效地帮助学生了解立体几何的组成。建筑模型班学员（小学四至六年级）刚开始接触建筑模型的制作，对制作工具与板材有一定的了解，但是首次接触板材之间的连接制作。选取传统建筑模型，能激发学生学习历史文化的兴趣，提高学生审美情趣，达到科技与艺术相融合的效果。

活动目标

知识与技能：掌握用雪弗板制作四合院砖墙模型的方法；能够根据板材不同厚度来裁切不同零件长度。

过程与方法：学生先观察，再设计、裁切、制作四合院砖墙模型。

情感态度与价值观：学生感受传统建筑局部的结构与造型，增强对传统建筑文化的兴趣

活动时间和地点

活动时间：120 分钟。

活动地点：模型活动室。

活动对象和规模

模型小组学员（小学四至六年级共 5 人）。

活动内容和形式

（1）认识北京传统建筑——四合院。

（2）参观崇文科技馆的传统建筑，了解砖墙的式样。

（3）观察砖墙模型，探究结构讨论交流。

（4）雪弗板板材切割与粘接练习。

（5）制作一间正房的四面砖墙模型。

① 绘制零件分解设计图；

② 探究零件长度与板材厚度的关系；

③ 尝试用不同组合的零件进行切割制作；

④ 进行砖墙的细节刻线；

⑤ 用丙烯上色美化外观。

（6）针对作品，进行点评、反思、交流、评价、总结。

活动的重点和难点

活动重点：学生掌握板材的厚度对制作建筑模型的结构产生的影响。

活动难点：板材的厚度导致切割的长度不同，计算容易出错。

活动准备

（1）教师准备。

① 提前拍摄四合院砖墙的资料图片。

② 制作多媒体课件，以便展示砖墙图片供学生观察学习。

③ 准备砖墙模型，以便现场供学生参考。

④ 准备材料与工具：雪弗板、铅笔、尺子、美工刀、刻线针、胶水、丙烯颜料等。

（2）学生准备。

① 搜集、查找四合院相关知识。

② 观看建筑模型制作视频，思考砖墙制作方法。

活动过程及设计思路

<table>
<tr><th>活动环节</th><th>教师活动</th><th>学生活动</th><th>设计意图</th></tr>
<tr><td rowspan="3">引入课程，激发学生兴趣</td><td>提问：同学们对四合院都有什么了解？</td><td>学生说出自己对四合院的了解</td><td>提出活动主题，带领学生了解传统文化</td></tr>
<tr><td>提问：同学们你们知道崇文科技馆所在地的来历吗？知道这是什么结构吗？</td><td>学生回答：崇文科技馆所在地是隆安寺的一部分，是四合院结构</td><td rowspan="2">承接上一个环节，激发学生对四合院的兴趣。
衔接下一个环节，为参观了解四合院做准备</td></tr>
<tr><td colspan="2"></td></tr>
</table>

续表

<table>
<tr><th>活动环节</th><th>教师活动</th><th>学生活动</th><th>设计意图</th></tr>
<tr><td rowspan="6">实景看砖墙</td><td>带领学生参观崇文科技馆整体格局</td><td>学生跟随老师参观</td><td rowspan="2">学生对实物有所了解，便于制作模型</td></tr>
<tr><td colspan="2"></td></tr>
<tr><td>给学生讲述四合院都有哪些结构造型</td><td>学生认识了解传统建筑四合院</td><td>学生感受传统文化，提升对传统建筑的兴趣</td></tr>
<tr><td>带领学生参观砖墙实物，讲解结构造型。选取正房砖墙重点讲解</td><td>学生跟随老师观察并记录崇文科技馆正房的砖墙</td><td rowspan="2">此步骤使学生清晰明了需要制作的内容</td></tr>
<tr><td colspan="2"></td></tr>
<tr></tr>
<tr><td rowspan="3">观察模型交流讨论</td><td>播放图片与PPT，展示实物砖墙模型，激发学生兴趣</td><td>观看图片、PPT及模型，了解结构，开拓视野</td><td rowspan="2">学生通过近距离感受模型，引发制作兴趣</td></tr>
<tr><td colspan="2"></td></tr>
<tr><td>鼓励学生交流、讨论该如何去制作砖墙模型</td><td>学生讨论制作想法，沟通交流，互相启发思考</td><td>培养学生的交流沟通能力</td></tr>
</table>

续表

活动环节	教师活动	学生活动	设计意图
切割练习了解材料	准备3毫米、5毫米、7毫米三种厚度的雪弗板进行切割练习	学生使用美工刀尝试切割	体现活动的目标，掌握切割技巧
	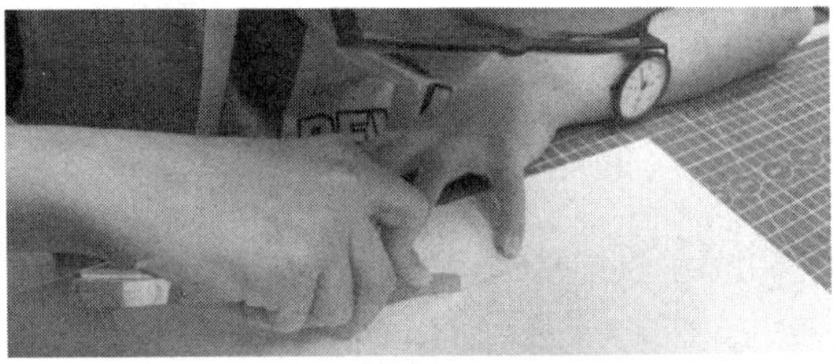		
	准备模型胶、502、UHU三种胶水，带领学生进行粘接练习	学生尝试用不同胶水进行粘接	体会适合的模型工具在制作中的好处
	引导学生发现粘接过程中厚度的影响	学生发现厚的板材粘接后会比薄的板材体积大	突出重点，引发学生思考板材厚度的影响
绘制设计图	布置任务，制作砖墙模型，示意如何分解立体图形	学生计算零件的大小尺度	锻炼学生的空间能力，意在突破难点
绘制设计图	引导学生绘制设计图	用直尺与铅笔绘制零件	锻炼模型工具使用与绘图技巧，强化尺度概念，突出重点
	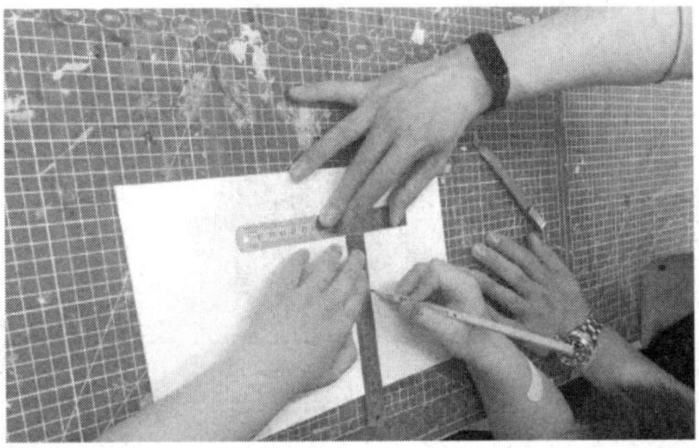		
开展探究活动	提问：如果正房大小为（10厘米×5厘米×5厘米）那四面砖墙的零件应该多大	学生思考并得出答案	鼓励学生多思考，启发学生意识到板材厚度的影响，突出重点
	辅导学生填写零件组合探究学习单	学生填写学习单，思考组合方式	引导学生多想多画，认真思考尝试。意在突破难点。也是活动效果检测
	鼓励并带领学生进行探究交流活动	学生将自己的组合设计与同学分享交流	培养学生的语言表达与交流能力

续表

活动环节	教师活动	学生活动	设计意图
尝试组合开始制作	引导学生用自己的方案进行切割粘接	学生按照自己的图纸进行切割、粘接	鼓励学生对自己的设计进行制作验证

精致细节砖墙刻线	演示砖墙的刻线方法	学生观察砖墙的特点	鼓励学生在制作前观察细节
	带领学生进行细节刻线	使用刻线针与直尺刻画砖墙细节	掌握砖墙的特点，提高学生审美情趣

艺术升华色彩填充	引导学生分析砖墙色彩	学生选择砖墙的颜色	培养学生观察能力。
	辅导学生用十字交叉法填充色彩	学生用丙烯颜料上色	建筑模型外观的精致追求，是艺术与科技相融合的最佳体现

续表

活动环节	教师活动	学生活动	设计意图
总结交流分享提升	测量学生的砖墙误差，带领学生填写综合评价单	学生验证自己的设计是否合理精确。同学之间认真地互评，教师进行过程性评价	实际验证可以感受计算厚度的重要性，突出重点。对活动开展学生情况进行整体评价，也是活动效果检测
	邀请误差最小的学生分享经验	学生对自己的设计与计算方法进行分享	培养学生的语言表达能力
	学生填写学习成果检测习题，教师检查并总结	学生巩固本次活动的学习成果	检测是否达成了本次活动的目标，制作时会计算板件的厚度
	布置作业，回家找四合院屋顶的资料，画出零件分解图	学生回家继续练习零件尺寸计算	既复习本次活动，又承接下次的四合院屋顶制作活动

活动效果测评

通过学生填写的探究学习单、综合评价单、学习效果检测习题、活动中与活动后学生的反馈，对活动效果进行测评。

附件

1. 学生作品评价单

<table>
<tr><th colspan="6">学生作品评价单</th><th colspan="2">姓名：</th></tr>
<tr><th>序号</th><th colspan="4">质量规范</th><th>自查评定记录</th><th>学生互查</th><th>教师评价</th></tr>
<tr><td>1</td><td colspan="4">砖墙零件横平竖直、方方正正。</td><td>合格 / 不合格</td><td>合格 / 不合格</td><td>合格 / 不合格</td></tr>
<tr><td>2</td><td colspan="4">边缘、切口工整规范</td><td>合格 / 不合格</td><td>合格 / 不合格</td><td>合格 / 不合格</td></tr>
<tr><td>3</td><td colspan="4">每片零件大小合适、能完整组合</td><td>合格 / 不合格</td><td>合格 / 不合格</td><td>合格 / 不合格</td></tr>
<tr><td rowspan="5"></td><td>序号</td><td>板件</td><td>允许误差 / 毫米</td><td>实际误差 / 毫米</td><td></td><td></td><td></td></tr>
<tr><td>1</td><td>正面</td><td>1</td><td></td><td>合格 / 不合格</td><td>合格 / 不合格</td><td>合格 / 不合格</td></tr>
<tr><td>2</td><td>左侧面</td><td>1</td><td></td><td>合格 / 不合格</td><td>合格 / 不合格</td><td>合格 / 不合格</td></tr>
<tr><td>3</td><td>右侧面</td><td>1</td><td></td><td>合格 / 不合格</td><td>合格 / 不合格</td><td>合格 / 不合格</td></tr>
<tr><td>4</td><td>背面</td><td>1</td><td></td><td>合格 / 不合格</td><td>合格 / 不合格</td><td>合格 / 不合格</td></tr>
</table>

2. 学习成果检测习题

学习成果检测习题	姓名：
习题 1	正方体：棱长 10 厘米，板材厚度 0.3 厘米
绘制六面板件图，标识长宽数值	
习题 2	长方体：长 7 厘米、宽 3 厘米、高 4 厘米，板材厚度 0.5 厘米
绘制六面板件图，标识长宽数值	
习题 3	长方体：长 2 厘米、宽 8 厘米、高 7 厘米，板材厚度 0.2 厘米
绘制六面板件图，标识长宽数值	

第二篇

创客＋科技教育

方案 7

手机支架的创意设计

王雅菊

活动背景

工程与技术领域的学习可以使学生综合各方面知识，体验科学技术对个人生活和社会发展的影响，能够有效地培养学生实践创新、科学精神等方面的核心素养。工程技术教育，一方面可以帮助学生更好地理解科学技术和生活的关系，提高学生创造性解决问题的能力；另一方面，丰富而具体的实践操作活动，有利于激发学生的科学兴趣，确立学生自信心。

工程和技术领域的核心是设计，是以实用为本解决问题，以满足人们的实际需求。观察在生活中给人类带来便捷的科技产品，我们会神奇地发现：生活中设计无处不在！设计是有计划、有步骤、有目标、有方向的创造活动，每个产品设计过程都是解决问题的过程。

“小小机械设计师”是创新项目设计俱乐部的一个子项目，本次活动为“小小机械设计师”初级班第七次活动，以“手机支架的创意设计”为主题，启迪学生设计思维，让学生了解设计，体验工程师的设计思维，学习产品设计的一般过程和方法。

活动目标

知识与技能：

① 了解设计与我们生活的密切联系，理解产品设计的一般过程。

② 按照产品设计的一般过程，动手实践，完成手机支架小产品。

过程与方法：学生在体验设计手机支架的实践过程中，初步学习有计划、有步骤、有目标、有方向地开展设计活动。

情感态度价值观：学生从活动中获得设计与制作的快乐，并将设计的“小成果”用于生活，感受科技课堂与生活的结合。

活动时间和地点

活动时间：120 分钟。

活动地点：科技教室。

活动对象和规模

四五年级学生，12 人。

活动内容和形式

（1）活动内容分析。结合生活实际，以“帮助老师解决一个小麻烦”为出发点，学生化身小小设计师，体验①发现问题、需求分析—②收集信息、设计分析—③设计方案、绘制图纸—④样品加工与制作—⑤测试、评价与优化的一般设计过程，运用所学知识，动手实践，完成具有实用性的小产品：手机支架。

（2）学生情况分析。本次参加活动的对象为四五年级学生，通过前几次活动的学习，他们有了一定的设计基础，积累了一些简单的结构知识和绘图知识，并熟悉了一些常用工具的使用，思维比较活跃，积极性较高，有一定的探究能力和问题分析能力，能够根据老师的引导发现问题，设想解决方案。但学生个体之间设计思维和动手能力存在差异，活动目标需要多元化，学生之间的团队协助能力需要在活动中强化。

活动重点和难点

活动重点：了解设计与我们生活的密切关系，体验产品设计的一般过程和方法，动手实践，完成具有实用性的手机支架小产品。

活动难点：如何保证手机和支架之间的尺寸准确配合。

活动准备

（1）学生准备。活动前查阅一些关于手机支架的相关资料。

（2）教师准备。

① 教师在活动前了解学生情况；

② 整理教学素材 PPT、微视频、案例材料、活动任务单、评价表等；

③ 准备活动用材料及工具。

活动过程及设计思路

活动环节	教师活动	学生活动	设计意图
活动要求	（1）讲解活动要求： ① 活动安全 ② 活动纪律 ③ 文明礼仪 （2）引导学生分组（2 人 / 组）	按活动要求从事活动。 确定成员角色分配，并填写任务单分工表	确保活动过程安全高效
活动导入	（1）提出关于手机放置的问题：老师遇到了一个“小麻烦”：想用手机把上课的精彩瞬间录制下来，可怎么固定手机呢？ （2）教师对学生的回答进行总结，并引出活动主题	学生带着问题，思考解决办法，并积极发言，与大家分享交流自己的想法	创设情境，引出活动主题

续表

活动环节	教师活动	学生活动	设计意图
明确活动任务	（1）引导学生思考： ① 提问：请分析手机支架应该具备哪些功能或特征？ ② 提问：哪些功能或特征是你在活动中可以实现的？ （2）结合学生分析、教学条件和学情现状，控制活动难度，明确设计任务及要求： ① 结构合理性：尺寸合理、简单稳固； ② 功能性（角度可调整，使用方便）； ③ 外形美观； ④ 经济性（选材合理，无浪费）； ⑤ 创新性； ⑥其他可实现功能。 （3）任务分层：基础任务和提高任务	（1）学生根据问题进行思考、分析讨论、总结归纳。 （2）理解活动设计任务及要求，选择实现合理的功能，确立目标	引导学生思考、分析。 明确活动任务。 目标分层，兼顾不同水平的学生
产品设计过程 自主设计合作实践	教师作为技术支持巡视指导	（1）需求分析。学生化身小小设计师，结合活动任务进行产品需求分析	
	① 播放一个 Solidworks 手机支架三维建模案例，让学生直观地感受设计，激发他们的创造灵感。  ② 提供几组常见手机支架结构资料，供学生阅读、分析、研究。 ③ 引导学生分析手机支架的关键尺寸，把握配合信息，帮助学生化解难点	（2）收集信息、设计分析 ① 学生对案例资料阅读、分析，获得启发，收集产品设计相关的结构信息。 ②学生收集活动材料信息。 ③ 测量、收集手机尺寸信息。 ④ 学生消化吸收所获取的信息，进行设计分析，形成初步方案构思	① 突出重点，化解难点。 ② 收集信息，便于设计分析

续表

活动环节	教师活动	学生活动	设计意图
产品设计过程 自主设计 合作实践	① 鼓励学生运用草图（最好为三视图）和文字说明相结合的方式表达产品设计方案。 ② 审核设计方案	（3）方案设计、绘制图纸 ① 考虑尺寸、材料、结构稳定性、功能，美观等多方面信息，讨论、确定设计方案。 ② 按要求完成设计草图	方案呈现
	① 材料标定虚拟价格，模拟材料超市的形式供学生选择； ② 作为技术支持巡视指导。 ③ 在学生加工时指导学生规范操作，确保安全	（4）样品加工、制作 ① 自选材料，在活动任务单上记录选材成本。 ② 利用所选材料，合作实践、动手制作。 ③ 解决过程中遇到的问题，完成样品加工	引导学生合理选材，学生体验创造的快乐
	① 引导学生从实用、美观、功能、稳定性等方面多元评价作品。 ② 组织学生之间进行分享、纠错。 ③ 指导学生从交流评价中获取收集改进建议，优化设计方案	（5）产品测试、评价与改进 ① 展示与分享作品及设计思路，组间相互学习、评价。 ② 用手机模型进行测试，多元评价作品是否符合设计要求。 ③ 思考判断，收集一些有价值的建议。 ④ 根据测试结果和收集的改进建议，思考作品中存在的问题和不足，优化设计方案	引导学生继续改进完善作品
活动总结	教师补充完善、点评	① 学生总结归纳产品设计活动的一般过程。 ② 活动过程中遇到了哪些困难，怎么解决的？ ③ 学生自我评价与互评	强化活动效果，锻炼学生归纳总结的能力
活动延伸	布置课后延伸活动： 撰写一份产品说明书	课后完成活动任务单——撰写一份产品说明书	活动拓展，延伸学习

活动效果测评

活动效果检测从过程性检测、终结性检测、学生自评及学生互评四个方面进行评价，活动效果检测表如下。

活动效果检测表

姓名：　　　活动时间：

评测项目	评测内容	优	良	中	差
过程性检测（50分）	活动中，学生遵守活动安全要求及活动纪律。文明礼貌，爱护公物，同学间友好互助。（10分）				
	活动过程中乐于思考，认真专注，能够较好地分工协作，每个环节都积极参与，体验手机支架完整的设计过程。（10分）				
	能够分析收集有效信息，绘制图纸表现清晰，对各部件的结构和连接方式图示清楚，整体设计能够融入自己的“创新小点子”。（10分）				
	样品制作过程中有较强的动手能力，能熟练使用数显游标卡尺，小钢锯、热熔胶枪等工具。（10分）				
	交流讨论及作品展示、评价、总结环节，能够主动参与，表现自信（能够大胆尝试并表达自己的想法）（10分）				
终结性检测（30分）	活动任务单填写完整（设计方案和选材记录表），有必要的配图和文字解说（10分）				
	设计的“小成果”满足结构合理、功能性、经济性、创新性、美观性等要求，能应用于生活（10分）				
	通过体验手机支架的设计过程，能够总结概括出产品设计的一般过程。对作品的优化方案有一定的思考（10分）				
学生自评（10分）	我给自己几颗星： ☆☆☆☆☆				
学生互评（10分）	同伴眼里的我： ☆☆☆☆☆				
请留下您的建议和意见： 签字：					
总评	（注：根据总评成绩发放活动币，对学生形成激励）				

续表

评测项目	评测内容	优	良	中	差
说明	1. 定量评价部分总分为 80 分，根据学生活动过程的表现在相应的类别上打“√”，（权重系数：优 0.9 ～ 1.0；良 0.8；中 0.6 ～ 0.7；差 0.3 ～ 0.5），由教师完成此项。 2. 定性评价部分为“我给自己几颗星”“同伴眼里的我”，根据星数来确定分值，每颗星得分为 2 分，评价时简要阐述理由。 3.“请留下您的建议和意见”：针对被评者作概括性描述和建议，以帮助其改进与完善（可以是学生对学生、教师对学生、学生对教师及生对活动等方面）				

活动反思

关于“手机支架的创意设计”活动的分析与思考。

活动亮点

（1）活动主题源于生活，活动成果具有实用功能，能够应用于生活，有助于学生理解科技与我们生活的密切联系，激发学生的活动兴趣。

（2）活动任务的目标进行分层：学生年龄层次不同，设计与动手能力也存在差异，手机支架的任务分为基础任务（实现基本功能）和提高任务（实现基础功能 + 附加功能），分层兼顾到所有学生。活动中学生根据自身能力完成不同任务，获得成就感，有利于自信心的确立。同时，活动过程中注重引导学生运用多学科的知识解决问题。

（3）学生化身小小设计师，能够自主探究，发挥主体性，从发现问题到需求分析，从明确任务到案例启发，从设计方案到合作实践，从产品测试、优化到产品说明书，体验产品设计的一般过程。

（4）在技术和工程领域当中，特别要强调小组合作学习。本次活动中采用小组项目合作。为保证学生参与度，设置了分工表（如下表）。

活动分工表

任务一 :我们的分工 1. 组员 1：产品经理： （负责设计过程的组织和管理、任务单记录、材料管理、产品质量监督等。） 2. 组员 2：产品工程师： （负责产品设计方案的具体实施，动手搭建。） 3. 我们共同完成的工作（每项 10 字以内概括）： ① ② ③

合理分工可以充分发挥合力，有利于技术攻关。活动中，学生通过角色扮演（产品经理、产品工程师），完成项目驱动任务。

（5）合力设计手机支架的活动过程中，学生主动思考、实践、解决问题，专注度比较高。部分学生的作品非常优秀，教师可以从学生的创意中收获启发，实现教学相长。

（6）活动具有延展性。此次活动完成后，学生后续会设计产品说明书、产品海报，并走上舞台对产品进行推广销售（邀请家长作为产品评委和客户），化身技术支持进行售后服务、产品追踪及持续改进。

活动不足及改进措施

学生们的创意无限，技术工程类课程需要多种材料，而活动中提供的材料和工具有限，一定程度上限制了学生创造力的发挥。

改进措施：①在今后的活动中尽可能提供更多种类的活动材料。②可鼓励学生活动后回家采用其他材料继续设计。

方案 8

“红心向党 匠心育人”系列活动——红船模型制作

周君

活动背景

2021 年是中国共产党建党 100 周年华诞。为了继承和发扬党的光荣传统和优良作风，进一步激发学生的爱党、爱国热情，增强师生的历史责任感和使命感，我们设计了此次活动。

我们以“建党百年，红心向党”为主题，通过红船模型制作，向建党百年献礼。

南湖历来是江南著名的游览胜地，以前湖中有画舫、精舫、公渡船等，以供载游客游湖。1921 年 7 月，中国共产党第一次全国代表大会由上海转移到嘉兴南湖的一艘画舫上继续举行并庄严宣告了中国共产党的诞生。这艘画舫因而获得了一个永载中国革命史册的名字——红船，成为中国革命源头的象征。

活动目标

（1）校际横向交流、学习红船模型制作。
（2）培养学生精益求精的学习意识，让他们养成良好学习习惯。

活动时间和地点

活动时间：120 分钟。
活动地点：室内。

活动对象和规模

活动对象：东城区模型科技教育联盟基地校及模型组学员。
活动规模：100 人。

活动内容和形式

传统的思想品德教育与微创新的航海模型结合。

活动重点和难点

活动重点：红船模型的制作。
活动难点：使用液态胶水的正确方法。

活动准备

（1）策划活动内容，撰写活动方案。
（2）准备模型制作材料。
（3）联系联盟基地校，确定学生交流活动时间。
（4）活动要点。
① 裁剪制作要点。毛边的修理细节；粘接方法的细化和细微处粘接的

处理；针对制作中的难点示范并讲解粘接的技巧和方法。示范后再通过提问，了解学生掌握的情况。

② 粘接制作要点。胶水用量要考究，宁少勿多；两个零件粘接，相交处为小零件粘接面；胶水层要涂抹均匀并且尽可能薄，才能在粘接时不会挤出多余的胶水；小刷子、涂胶棒方法均可。讲解涂胶棒的制作和选用。

③ 船体内部的组装。电动机的安装要到位，方向和位置都不能有偏差；电池盒和开关的安装要精准；电线是连接电动机、开关、电池盒的关键部件，不仅要连接无误，同时走线要整齐漂亮，不留有隐患。

④ 轴系和螺旋桨的安装。要求精准到位，无偏差。

活动过程及设计思路

活动环节	教师活动	学生活动	设计意图
导入	① 图片引入：展示南湖红船的照片，向学生提问：谁知道这艘船，它对于中国来说有什么重要的意义？ ② 播放视频：建党伟业——嘉兴南湖红船。 ③ 小结 引导学生对红船的结构进行学习； 分析红船的结构	学生看图片并按照老师的引导进行回答。 仔细观察红船结构，学生代表进行讲解	学生通过观看视频感受历史，激发爱国情怀
新授	明确制作要求，引导学生制作红船模型； 学生实践练习，教师巡视查找问题； 讲解检查到的主要问题的处理方法	以学生为主体，由学生总结：（可能出现的主要问题） ①毛边问题，修边工作中的不足； ② 粘接痕迹过重； ③ 零件不全等问题	巩固修边方法并学习粘接方法，总结归纳后进行练习
练习	① 纠正学生工具剪钳使用不熟练和手法不对的情况。 ② 纠正由于粘接方法还没有完全掌握，学生们粘接顺序错误或者涂胶量掌握不好的情况。 ③ 学生的急切心情使得很多细节处理没有完成就进行下一步了，注意培养学生过硬的心态	学生仔细观察教师的示范，边看边做，掌握粘接的方法。 检查十字螺丝刀的正确使用 学生练习，教师巡视。 发现个别问题后进行个别辅导	

续表

活动环节	教师活动	学生活动	设计意图
展示	展示作品，交流收获：通过多层面的模型成品展示、校际经验的交流，实现多层面的共同提升	学生制作个人优秀船模展示局部特写放大展示	
总结	教师总结：通过制作红船的活动，缅怀革命先烈，重温党的光辉历程，引导学生更加珍惜由先烈们用鲜血换来的今日的胜利成果	交流自己的收获（可以是知识、技能层面的，也可以是情感上的）。 优秀作品制作经验的推广。 不同技法的切磋。 跨校级，跨年级的交流	教育学生珍惜时间，勤奋学习，积极实践，用自己的双手描绘21世纪的宏伟蓝图
结束	收拾废弃材料、提出卫生要求	收拾桌面、地面	养成良好的行为习惯

活动效果测评

本次实践活动通过收看视频、观察示范、动手实践等形式，让学生掌握模型修边方法和液态胶水的正确使用方法。学生在回忆、练习、交流、反复地找问题、讲方法、强化练习，在有限的时间里掌握粘接的方法和技巧，并回家完成作业进行巩固的学习过程中，获得了技能和情感态度的双重提升。本活动激发了学生的爱党、爱国热情，增强了师生的历史责任感和使命感。

活动反思

活动亮点

（1）在建党百年来临之际，选择这重要又深入人心的历史成就作为本次活动的主题，既符合当今时代的需求，又给学生带来了教育的“仪式感”。俗话说“趁热打铁”，在这个重要的时间点，给学生进行党史及爱国主义教育，使他们更深刻地体会到中国共产党的伟大，同时感受到今天的幸福生活来之不易。本次红色教育产生的效果显著，令人满意。

（2）本次活动比较成功，学生基本掌握了零件修边的方法和技巧，初步掌握了粘接的方法。并且对军舰模型制作产生了浓厚的兴趣，对于挑战完美的制作工艺产生了很强的信心和欲望。

（3）活动过程中，教师重视教学手段的运用，在党史环节、讲授和制作时能够利用视频、图片、演示、操作等多方式增强学生的感受，激发学生学习的兴趣，增强学生学习的效果。充分调动学生的感官系统，通过看、听、触、思、动等方式较好地完成活动目标。

活动不足及改进措施

因参加活动的学生是来自多所中小学及科技馆模型组的学生，他们的年龄差异和基础差异较大，以后活动时教师应将座位分布加以细化，活动效果应可以得到进一步提升。

方案 9

转不停——设计制作美观实用的指尖陀螺

孟旭

活动背景

3D 设计与制作活动课程主题思想是培养学生的设计思维。设计思维是一套关于如何进行创新探索的方法论系统，包含了触发创意的方法和把创意变为现实的过程。设计教育培养学生的创新能力和科学素养，符合国家发展规划对人才的需求。

指尖陀螺是一种可以在手指上空转的小玩具，是年轻人中十分流行的减压神器，也越来越受小朋友的喜爱。由于学生对设计指尖陀螺感兴趣，活动易激发其参与设计活动的积极性。学生通过设计制作指尖陀螺，可以完整地体验产品设计流程，能够更好地理解什么是科学的设计流程，从而有效提升科学素养和创新设计能力。

活动目标

（1）掌握滚动轴承的相关物理知识，能够创新设计出旋转效果优秀的指尖陀螺。

（2）能够运用设计思维的方法论系统，完整地执行产品设计的一般过程，提高自身的科学素养；能够积极与同伴交流讨论，树立合作分享意识。

（3）了解科学创新设计与艺术创意之间的区别，只有尊重客观物理规律，才能创造出优秀的创新设计作品。

活动时间和地点

活动时间：120 分钟。

活动地点：设计与制作活动室。

活动对象和规模

设计俱乐部初中组学员 10 人。

活动重点和难点

活动重点：学生运用设计思维执行完整的设计流程。

活动难点：设计的创新造型要既美观大方，又能保证陀螺旋转效果良好。

活动准备

（1）活动准备。做好课件与视频资料，准备陀螺样品、绘图笔、学习单、滚动轴承，调试好 3D 打印机。

（2）学情分析。

① 学生在 12 ～ 14 岁年龄段，处在自我认知与创新能力发展的关键期，应该鼓励他们勇敢表达自己的想法，树立他们进行创新设计的自信心。

② 学员已经熟练地掌握 3D 设计软件与 3D 打印机的使用方法，在校内物理课上也学习了基本的力学知识，具备了活动顺利开展的前提条件。

③ 学生大多对设计活动感兴趣，但是有的学生比较内向，教师应该有意识地引导他们积极地参与合作讨论。

活动过程及设计思路

活动环节	教师活动	学生活动	设计意图
创设情境，布置活动任务	① 拿出指尖陀螺进行旋转，询问学生有没有人玩过。播放视频，介绍指尖陀螺，激发学生兴趣。 	① 观察教师的演示并与教师互动。	以青少年喜欢的指尖陀螺引入活动，激发学生兴趣。
	② 提出问题：为什么指尖陀螺可以不停旋转？发给学生每人一个滚动轴承实物，播放 PPT 讲解滚动轴承知识。	② 观察与触摸滚动轴承，了解滚动轴承的工作原理。	让学生掌握本次活动必备的滚动轴承相关知识。
	③ 下发学习单，提出今天的活动任务：原创设计打印指尖陀螺，要求既美观又有良好的旋转效果	③ 通过学习单了解本次活动的主要内容	用学习单引导学生明确活动任务
了解用设计思维方法进行指尖陀螺造型设计的一般过程	① 讲解运用设计思维设计产品的五大步骤（寻找必要信息、进行产品定义、头脑风暴进行产品设计、制作生产产品原型、测试原型产品效果）。	① 观看 PPT 演示，理解通常的产品设计流程。	学生能够理解设计产品的一般过程，为下一步的实践操作打下基础。
	② 讲解指尖陀螺的主要组成部分，请学生思考并回答如何用设计思维进行指尖陀螺的设计	② 观察指尖陀螺结构图，了解指尖陀螺由几大部分组成。回答问题，确定设计指尖陀螺的主要步骤	让学生了解指尖陀螺的结构，启发学生思考：怎样执行科学的指尖陀螺设计流程
明确造型设计需要重点注意的问题	① 提出问题：怎样设计既美观大方又保证陀螺旋转效果良好的创新造型？你认为需要重点注意的问题在哪里？请学生交流讨论后进行回答。	① 学生间交流讨论，回答教师的问题。	启发学生观察和思考，并通过交流讨论形成自己的观点。
	② 播放各种各样的指尖陀螺图片，请学生观察并指出这些陀螺的共同特点是什么。	② 观察图片，回答教师问题。	学生能够明确陀螺主体需要对称设计。

续表

活动环节	教师活动	学生活动	设计意图
明确造型设计需要重点注意的问题	③ 拿出3个因为不同原因造成旋转效果不好的指尖陀螺，请学生观察并回答问题：影响指尖陀螺旋转效果的主要因素是什么？引导学生交流讨论寻找答案。	③ 观察实物，回答教师问题。并通过交流讨论与教师的讲解，填写学习单，得出系统、科学的结论	学生能够明确（1）陀螺主体不能挤压轴承；（2）中轴既不能挤压轴承，也不能过于松动，精度要求很高。
	④ 请学生把造型设计需要重点注意的问题写在学习单上	④ 完成学习单相关部分，了解造型设计需要注意的问题	
完成设计草图，制作工程图纸	① 组织学生进行头脑风暴活动，交流可以作为指尖陀螺设计灵感的元素。交流后，引导学生各自在学习单上完成指尖陀螺的草图设计。	① 交流设计灵感，在学习单上绘制设计草图。	学生在本阶段通过交流讨论获得设计灵感，确定造型设计，在学习单上绘制设计草图。
	② 拿出一个失败的作品提出问题：为什么电脑工程图纸数值上完全正确，3D打印出的原型产品转动效果却不好？	② 观察并分析问题。	启发学生注意3D打印机的精度问题、误差问题。
	③ 让学生独立用电脑绘图软件把设计草图变为电脑工程图纸，教师在教室巡视，根据学生实际遇到的问题给予指导	③ 用设计软件把设计草图变为3D打印工程图纸	学生能够独立完成工程图纸的制作
用3D打印机打印零件，并组装指尖陀螺	① 检测学习单的完成情况，检查学生电脑工程图纸的数值是否合理。	① 把学习单、电脑工程图纸交给教师检测。	了解学生是否严格地执行了完整的产品设计流程
	② 允许学习单完成合格者用3D打印机实际打印制造指尖陀螺并指导学生组装，完成作品	② 用3D打印机打印出指尖陀螺零件，并与滚动轴承组合出成品	
交流分享，总结归纳	① 请学生分别展示介绍自己的原创指尖陀螺。分析各自作品的成功之处与不足之处。	① 介绍自己的指尖陀螺设计，观察其他同学的设计效果。	完成测试原型产品效果的步骤。
	② 布置作业：请学生活动后完善修改自己的指尖陀螺原型设计，下次活动设计打印出更好的改进版指尖陀螺	② 完善修改自己的设计方案，设计出更好的指尖陀螺	学生理解创新设计不能一蹴而就，要反复测试完善

活动效果测评

（1）通过计算学生 3D 打印指尖陀螺作品的转动时间长短，检测学生是否掌握了滚动轴承的相关知识，是否能够创新设计出旋转效果优秀的指尖陀螺。

（2）通过学习单填写情况的反馈及活动过程中学生交流互动情况的反馈，检测学生运用设计思维执行产品设计一般过程的能力和探究中合作分享的意识。

（3）通过学生作品的情况以及对指尖陀螺的改进方案，检测学生的创新设计意识。

附件：

学习单

活动名称	转不停——设计制作美观实用的指尖陀螺	学生姓名	
寻找必要信息，进行产品定义	（1）滚动轴承的结构图： 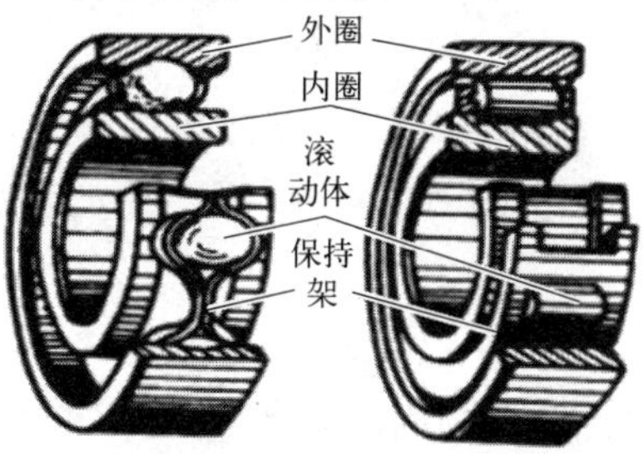 （2）请写出指尖陀螺的主要组成部分： （3）请写出影响指尖陀螺转动效果的主要因素：		
产品设计	设计草图（必须标明尺寸）：		
制作	为什么数值正确的 3D 打印图纸有可能出现失败的 3D 打印成品？如何解决这个问题？		

续表

活动名称	转不停——设计制作美观实用的指尖陀螺	学生姓名	
测试产品效果	（1）你的指尖陀螺设计灵感是什么？它可以旋转多少秒不停？ （2）如果进行改进完善，你想在哪些方向上进行改进？ （3）哪位同学的指尖陀螺给你留下了深刻的印象？理由是什么？		

活动反思

活动亮点

（1）本次活动乃至整个学年的设计活动的主旨都是在设计教育活动中使学生处于主体地位，培养学生的科学素养与创造能力。设计活动本质上是一种脑力劳动，是一种创造性的活动，所以，只要教师能够正确引导，学生就天然地处于主体地位，完成的作品什么样，都是由学生本身来决定的。而校外教育自身的特点非常适合设计活动的开展实施。

（2）根据学生特点，灵活选择活动内容。本次活动选择了设计指尖陀螺作为主题，指尖陀螺是很流行的解压小玩具，学生非常感兴趣，活动容易激发学生参与活动的兴趣。

（3）教学形式灵活、教学资源丰富。因为采取 10 人小组教学，本次活动既有教师提问，也有分组交流讨论，还有最后的产品介绍，每个学生都有表现的机会。

在校外教育中，教师灵活的选题、形式多变的教学设计、丰富的教育资源，可以为学生创设良好的教育情境，激发他们参与设计活动的意愿。

活动不足及改进措施

学生全部完成了指尖陀螺的设计，根据教师的观察和学习单的反馈，教育教学目标基本达成，重点难点基本解决，活动取得了不错的效果。但是通过活动效果检测，还是反映出了两个问题。

（1）陀螺造型设计雷同，活动中缺乏让人眼前一亮的作品。本次活动的难点就是如何在保证旋转效果良好的前提下设计出美观大方的原创指尖陀螺造型，指尖陀螺的核心零件滚动轴承对适配的陀螺主体和中轴的精度要求很高，打印出的零件有 0.2mm 以上的误差就会影响旋转效果，而学生的作品旋转效果都不错，这反映出他们认真地进行了学习。但是不少同学只是在教师的样品造型基础上略加修改，没有进行原创设计。

（2）学生语言表达能力有待提高。在活动最后部分，学生需要向大家介绍自己的陀螺设计思路，有的学生语言组织不是很流畅，说话声音也非常小。

学生的主观能动性和语言表达能力的不足，不是一蹴而就能够改善的，学生在校内不容易获得提高这些能力的机会，但这恰恰反映出校外教育的存在意义。今后的设计活动中，我们将丰富激励学生进行原创设计的手段，强化语言能力训练的时间，为设计活动更好地开展不断努力。

方案 10

模拟无线电发报机制作

王海涛

活动背景

《中国学生发展核心素养》中指出学生应具备适应终身发展和社会发展需要的必备品格和关键能力。为积极推动培养学生核心素养目标的落实，校外科技教育单位要发挥阵地优势，注重对学生科学精神、学会学习、合作参与、创新实践等素养的培养，逐渐提高广大青少年的综合素质。此次活动对象为电子小组中级组学员，三至六年级 16 人，他们通过一学期的学习，已经掌握定向越野运动技术要领，可以独立完成电路的制作。

本次活动设计从学生感兴趣的军事、科技话题切入，采取对抗、比赛的活动形式，增加活动趣味性和挑战性。将定向越野与电子技术课程相结合，设计需运用数学测量、地图识别等多学科知识的活动任务，鼓励学生学会正确认识自己，发挥自身长处，综合运用多学科知识，合理分工寻找目标，以最快速度完成团队任务。活动可以增强学生应用意识，提高团队合作能力。

活动目标

知识与技能：学生了解无线电波传输原理、方式及莫尔斯电码相关知识，掌握模拟无线电发报机电路原理与制作方法。

过程与方法：学生分工合作，运用所学定向越野知识和电子技术知识，设计路线寻找电子元件，完成无线电发报机的制作。

情感态度价值观：学生能综合运用电路知识与定向越野知识，并对定向越野及电子技术专业知识产生浓烈的学习兴趣，逐渐增强团队合作意识。

活动时间和地点

活动时间：120 分钟。

活动地点：电子与物联网活动室。

活动对象和规模

电子技术小组学员。小学三至六年级，16 人。

活动内容和形式

活动内容：

① 分析模拟发报机电路，根据定向地图标示在室外寻找所需的电子元件。

② 按照电路图完成电路的制作、调整、测试。

③ 各组队员自我分析在完成任务的过程中存在的问题，寻找改进的方法。

活动形式：教师组织并对流程进行讲解；学生在室外寻宝、室内制作，并对结果进行讨论。

活动重点和难点

活动重点：电路组成分析、定向线路设计。

活动难点：团队合作、分工的合理性锻炼。

活动准备

（1）将电子元件插在泡沫板上，放置在塑料盒内，然后将塑料盒放置到教师在科技馆设置的各个检查点，绘制定向地图。

（2）准备定向越野专用计时设备。

（3）活动方案、课件。

（4）活动材料及工具。

活动过程及设计思路

活动环节	教师活动	学生活动	设计意图
活动引入	创设虚拟活动场景：学生扮演中国共产党的地下党组织情报人员，获取了敌方重要军事情报，限定时间内必须将情报通过电台发送给上级组织。由于设备遭到破坏，需要利用所学知识、技能完成设备的制作，并成功发送出情报	① 根据虚拟场景，分析面临的问题。 ② 交流讨论，明确解决该问题的办法（制作发报机和学会发报）	创设虚拟谍报军事活动场景，激发学生的参与热情与兴趣
探究新知	① 利用电教设备播放相关影片：谍战剧中国共产党的地下党组织在敌方获取情报后通过发报机向上级组织传递信息的片段以及生产、生活中发报机的使用片段。 ② 讲解无线电波传输原理、方式及莫尔斯电码相关知识	① 通过音频、视频分析发报机使用范围。 ② 结合实际生活，讨论发报机的主要用途。 ③ 学习无线电波相关知识，了解莫尔斯电码	学生通过观看视频资料，学习无线电波、莫尔斯电码、发报机相关知识，提高自主学习能力，激发爱国情怀
介绍活动，制订任务	（1）介绍活动。学生两人一组，根据电路图及定向地图，到科技馆室外场地中准确搜寻电子元件并完成模拟发报机的制作，及时传递情报信息。 （2）任务分析。 ① 发放模拟无线电发报机电路图纸及部分元器件，根据图纸及实际电路，讲解电路工作过程及各元器件作用。 ② 介绍目标，帮助学生分析队员能力区别，讲解分工要领：合理分派找寻的电子元件及路线，在最短时间内集齐全部元件。	（1）根据活动内容介绍，分析本次任务的关键点（搜寻电子元件、制作发报机）。 （2） ① 结合电路图及已有元器件，确定需要找寻的电子元件。 ② 组员间相互了解各自强项、弱项，要根据队员的能力来制订各自的任务，两个人均要完成电路的制作。	帮助学生快速、准确了解本次活动关键信息。 通过带领学生分析任务要点、熟悉活动竞赛规则，各组成员根据能力强弱分派任务，自行制订定向搜寻路线，锻炼知识应用能力，提高学生合作意识，发扬互助精神，增强活动趣味性。

续表

活动环节	教师活动	学生活动	设计意图
介绍活动，制订任务	③ 发放已经标注电子元件位置的定向地图，确保每个学生分配的元件应尽可能处于同一片区域；搜寻路线要安排合理，使学生少走重复路线。 （3）计时方式 ① 学生使用指卡刷“起点”计时器，出发到室外寻找电子元件。 ② 学生集齐后回到活动室刷数字编号计时器，教师记录学生搜寻元件所用时间。 ③ 学生开始制作电路，完成后刷“终点”计时器，比赛结束，教师记录下制作电路所用时间。 （4）学生分组。同一数字写两张纸条，抽到相同数字的同学为一组	③ 按照地图标注确定每位队员需寻找的电子元件并制订行进路线。定位准、跑步快的学生应该多分配找寻的数量，才可能用最短的时间完成元件搜寻任务。 （3）知道计时方式，复习指卡及计时器使用方法，明确哪个任务点，怎样刷卡确认。 （4）抽签分组，同组队员都是随机的，能力大小各有区别	随机组合，增加不确定性
室外寻宝、室内制作	（1）室外寻宝 在室外布置好各个检查点，启动计时设备，分发计时指卡、元件袋，提示安全注意事项。 （2）模拟发报机电路制作 注意：强调工具使用安全；元件应归类放置；焊点要标准；同组队员要相互帮助，两个人均需完成电路制作，否则任务失败	（1）按照定向地图及自己设计好的线路出发寻找所需元件，完成任务后返回刷卡计时。 （2）准备焊接工具，分拣电子元件，按照电路图分别完成电路的制作；模拟发报过程，发出情报，任务完成；刷终点计时器，完成比赛	通过实践活动环节，检验学生定向搜寻路线设计、团队成员分工的合理性，同时检测学生电子焊接、定向搜寻、地图识别等知识的综合运用能力
分析问题、总结经验	（1）公布各组成绩，评判各组电路完成情况及电路焊接的品质。 （2）教师根据学生分析结果总结活动中以下几方面的问题：知识储备、分工合作、团队意识等	各小组交流分享完成任务过程中出现的问题，借鉴成功的经验，确定本组的改进措施	为学生搭建展示平台，锻炼学生语言表达能力
活动室整理	教师组织学生收回室外器材，整理电路制作工具，打扫桌面、地面卫生		开展劳动教育，帮助学生养成良好的习惯

活动效果测评

（1）通过查看学生定向线路设计图，计算寻找电子元件所用时间，检测学生对定向越野知识运用的熟练程度。

（2）通过检查电路的制作时间和工艺品质，检测学生对电路知识的掌握情况，评定学生使用工具的熟练程度。

（3）通过观察学生完成任务过程中表现，检测学生合作意识及互助精神。

（4）通过聆听学生问题分析、经验总结，检测学生对自身知识储备程度的认知及对团队合作重要性的认识。

活动反思

本次活动将定向越野与电路制作相结合，通过虚拟军事活动，提升学生的活动兴趣，帮助学生结合实际生活了解科技知识的用途，增强团队意识，倡导大家努力学习科技知识，增强热爱祖国、热爱科学的意识。

活动亮点

本次活动根据学生的实际情况进行设定，学生已经具备相关的理论知识及操作技能，能够简单分析电路的工作过程。活动一开始便带领学生进入虚拟区，共同了解无线电发报机的知识、用途，进而引出本次虚拟军事演习活动的任务。通过一系列的探讨，大家很快了解了此次活动的主旨，在探讨问题时能主动发表个人观点。

活动将定向越野知识、电路知识，电路应用与实际生活相结合，学生可以切身体会到所学的知识对解决身边问题的重要性，从而进一步提升学习兴趣。在探索过程中，学生发现问题、解决问题、与人合作的能力都得到了提高。通过活动，学生能够将所学的知识应用到元件的搜寻、电路的制作中，分工明确，定向线路设计合理，能够准确地按照电路图安装、连接各个元件，熟练使用各类工具完成电路的设计、制作。在元件的检测、电路的制作过程中，大家又相互合作，共同探讨电路的连接问题，相互检查连接是否正确。

电路制作对学生的要求较严格，一旦连接中出现一些小的问题，就可能导致整个电路都无法工作，要求学生要有足够的耐心，不能急躁；同时在电路的制作中还要细致、严谨，每一个连接都要考虑周全。平时比较有耐心的学生往往能够做到仔细观察电路，确定每一个连接点，保证每一个元件安装正确，焊点均匀、标准。而一些平时做事急躁的学生则经常会出现某个连接位置出现虚焊、连锡的现象，或者元件安装错误的问题，修改过程还容易对元件、电路板造成损伤……通过教师结合电路帮其分析原因，找出问题所在，让其尝试按照正确方法去做，从而促进学生养成耐心、细致的习惯，做事条理性更加清晰。

活动不足及改进措施

有的学生由于年龄小、知识储备不足，活动中参与感不高，今后应更加注意调动这些学生的积极性，提升他们的兴趣。分组方式导致各组间实力差异大，会影响到个别小组学生的积极性。分组形式可考虑调整为由实力强的学生分别抽选一名实力相对弱的学生组队，均衡各组水平。

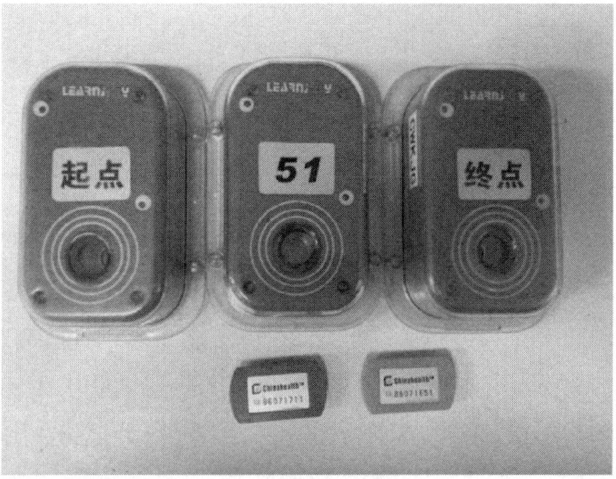

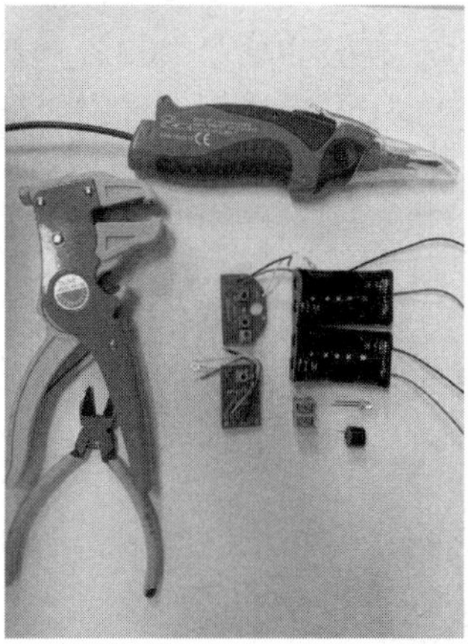

方案 11

三维建模与三维打印活动方案——从平面图形到立体图形（特征操作）

刘辰彬

活动背景

《全民科学素质行动规划纲要（2021—2035 年）》中指出青少年科学素质提升行动，要“激发青少年好奇心和想象力，增强科学兴趣、创新意识和创新能力，培育一大批具备科学家潜质的青少年群体，为加快建设科技强国夯实人才基础。”同时，纲要中还明确了“建立校内外科学教育资源有效衔接机制。实施馆校合作行动，引导中小学充分利用科技馆、博物馆、科普教育基地等科普场所广泛开展各类学习实践活动”。

本次活动是 2022 ～ 2023 学年度第二学期创课兴趣小组活动中的一次活动，本学期的教学计划是利用一个学期的时间，学生能够基本掌握三维建模软件，能够利用三维建模软件制作基本的工程零件和简单曲面，并使用三维打印机将自己制作的三维模型打印出来。

在开展本次活动前学生已经学习了创客的定义、什么是三维建模与三维打印、基本的工程三视图识图，以及使用 SolidWorks 三维建模软件进行基础操作，并在平面内进行草图绘制。

活动目标

（1）能够运用 SolidWorks 进行平面草图绘制。

（2）掌握 SolidWorks 特征中拉伸凸台基体和拉伸切除的绘图操作。

（3）运用 SolidWorks 平面草图绘制和特征方法绘制收纳盒模型。

活动时间和地点

活动时间：90 分钟。

活动地点：崇文科技馆。

活动对象和规模

活动对象：创客兴趣小组学生。

活动规模：15 人。

活动重点和难点

活动重点：SolidWorks 特征操作拉伸凸台基体。

活动难点：SolidWorks 特征操作拉伸切除中绘制切除草图平面。

活动过程及设计思路

<table>
<tr><th colspan="2">活动过程</th><th>教师活动</th><th>学生活动</th><th>环节意图</th></tr>
<tr><td colspan="2">活动引入</td><td>给学生播放东城区中小学生 8 小时创客马拉松视频。
问：同学们想不想参加这样的活动？
展示优秀学生创客作品。
问：同学们想不想也制作出这样优秀的创客作品吗？
问：大家发现这些作品有什么共同的特点吗？</td><td>观看视频
回答问题
体验作品
回答问题
回答问题</td><td>通过给学生播放创客马拉松视频、展示优秀学生创客作品，激发学生的创客热情</td></tr>
<tr><td>主体活动</td><td>拉伸凸台基体</td><td>新知识点：
绘制完成后，单击特征选项，选择拉伸凸台基体，选择拉伸方向及深度。
给学生一个难一些的例子，请他们进行三维模型绘制。</td><td>依据所给三维模型，使用游标卡尺测量模型尺寸，进行建模练习</td><td>通过向学生展示三维打印模型的方式，引导学生自主发现如何从平面到立体的方式：拉伸凸台基体</td></tr>
</table>

续表

<table>
<tr><th colspan="2">活动过程</th><th>教师活动</th><th>学生活动</th><th>环节意图</th></tr>
<tr><td rowspan="3">主体活动</td><td>拉伸凸台基体</td><td>教师给每位学生发放一个三维打印作品</td><td>学生使用游标卡尺进行测量，并在建模软件上进行模型绘制</td><td></td></tr>
<tr><td>拉伸切除</td><td>步骤：
① 记录空心圆管内径、外径、长度；
② 绘制草图平面；
③ 拉伸凸台基体；
④ 选择切除草绘平面；
⑤ 绘制切除草图平面；
⑥ 拉伸切除，选择切除深度及方向。
让学生根据手中的空心圆管模型，在自己的电脑上练习三维模型绘制</td><td>依据所给三维模型，使用游标卡尺测量模型尺寸，进行建模练习</td><td>通过向学生展示三维打印模型的方式，引导学生自主发现特征操作：拉伸切除</td></tr>
<tr><td>综合实践</td><td>收纳盒模型的绘制。
要求：
① 充分体现使用用途；
② 外观美观；
③ 有盖；
④ 小组合作完成</td><td>收纳盒模型的绘制</td><td>通过小组合作的方式开展绘图，锻炼学生的小组合作意识，鼓励学生上台进行展示，增强其自信心，激发其对创客的热爱</td></tr>
<tr><td colspan="2">活动总结</td><td>教师通过活动总结，梳理本次活动所学内容，简单介绍接下来活动的内容</td><td>听讲、思考</td><td>给学生以期望，激发学生对学习三维建模的兴趣</td></tr>
</table>

方案12

陀螺发射器

杨阳

活动背景

《中国学生发展核心素养》总体框架以培养“全面发展的人”为核心，从文化基础、自身发展、社会参与三个方面关注学生人文底蕴、科学精神、学会学习、健康生活、责任担当、实践创新六大素养。课堂是培养核心素养的主阵地，作为一线教师努力在教学实践中让培养核心素养落地生根。本次活动以传统游戏项目——陀螺为主题，尝试用新技术让老游戏更好玩。

本学期学生学习 EV3 机器人的基本搭建、马达控制方式及触动传感器、超声波传感器的使用方法。本次活动是本学期最后一次活动，希望以游戏的方式检验学生的学习效果。本次活动将应用到前面学习的基本结构搭建、齿轮的传动、马达控制以及传感器的使用，对于学生本学期学习掌握情况是一个全面的了解和检测，也是对学生知识技能综合应用能力的考验。

参与本次活动的学生为四五年级的小学生，共 13 人，已学习机器人一个学期。通过对学生平时表现的观察，教师发现他们活泼好动，思维也非常活跃，对陀螺非常感兴趣。教师抓住学生的兴趣设计了本次活动，希望引导学生对自己感兴趣的问题进行深入探究。

活动目标

（1）学生通过讨论与体验能够说出至少三个影响陀螺转动效果的因素，能够分析出齿轮传动速度变化。

（2）学生考虑以上因素能够使用乐高零件制作一个能够稳定旋转的陀螺，应用已有知识设计并制作带有传感器的陀螺发射器。

（3）学生积极参与活动，体验自我成就感。

活动时间和地点

活动时间：120 分钟。

活动地点：机器人活动室。

活动对象和规模

四五年级的学生，13 人。

活动内容和形式

活动内容：制作陀螺发射器。

活动形式：讨论法、任务驱动、游戏法。

活动重点和难点

活动重点：制作陀螺发射器。

活动难点：灵活应用已有知识，制作带有传感器的陀螺发射器。

活动准备

准备幻灯片、乐高机器人套材。

活动过程及设计思路

活动环节	教师活动	学生活动	活动设计意图
活动导入	展示各种陀螺的图片和陀螺的演变 提问：陀螺持久转动的条件有哪些？	认真观看，仔细回忆已有知识，讨论陀螺的特点：外观、转动状态等。 回答问题。 填写学习单	由学生的亲身体验引入活动主题，激发学生参与活动的兴趣

续表

活动环节	教师活动	学生活动	活动设计意图
制作陀螺	任务：使用乐高机器人零件制作一个小陀螺。 要求： 外形不限，能够在手指捻动下平稳转动	小组讨论陀螺的样式； 各小组间讨论交流； 制作一个陀螺，尝试捻转陀螺，观察陀螺是否能够平稳转动	学生相互交流，完善结构设计，为接下来的陀螺发射器制作做准备
设计并制作陀螺发射器	任务：使用乐高机器人零件制作一个陀螺发射器，使陀螺具有较大的初速度。 要求：使用齿轮传动搭建加速系统；陀螺均匀，能够稳定转动；传感器、马达、手柄设计为一体，结构合理，方便手持操作。 观察各组学生设计制作情况，并给予指导意见	设计陀螺加速器的结构 各小组间讨论交流设计方案，确定最终的方案并制作。 搭建一级齿轮变速系统，测试陀螺转动的效果，并记录。 尝试搭建二级齿轮变速系统，测试陀螺转动的效果，并记录。 选择一种传感器安装在发射器上，并编写程序使其控制发射器工作。 填写学习单，记录设计制作的过程	学生相互交流完善结构设计，提高分析问题、解决问题的能力。 引导学生在实践中观察、体验、提出改进意见。 学生选择安装一种传感器，锻炼动手能力及对所学知识的应用能力。 学生体验工程设计流程设计—制作—试验—改进的全过程
陀螺竞赛	组织学生制定比赛规则：耐久赛、对战赛等	学生讨论比赛规则：比什么？怎么比？ 游戏：陀螺竞赛。并根据竞赛中发生的问题及时改进陀螺及陀螺发射器	培养学生规则意识及交流、沟通的能力。 有趣的游戏使学生感受知识技术合理利用带来的乐趣
活动小结	总结活动目标实现情况，分析活动中出现的问题，点评学生作品	回顾本次活动情况，反思自身表现；完善学习单	反思本次活动，以便改善和提高
整理	组织学生整理零件	学生将电动陀螺拆散，将零件分类码放复位	养成良好的实验习惯

活动效果测评

（1）评价学生在活动中的表现及作品的效果。

（2）通过提问检测，要求学生能够说出齿轮系统是加速还是减速，并能计算出变速比。

（3）互动游戏，要求学生能够积极参与陀螺竞赛，并遵守自己制定的规则。

附件：

学习单

陀螺发射器

学校__________ 年级__________ 姓名__________

问题：你认为陀螺要转得持久需要具备哪些条件？

1. ____________________
2. ____________________
3. ____________________
4. ____________________
5. ____________________

步骤 1：尝试用乐高零件设计制作一个陀螺，要求用手捻动能够稳定转动。

你使用了哪些零件？请画出陀螺设计图。

步骤 2：如何使陀螺获得较快的初速度？

你使用了哪些齿轮进行加速？请画出齿轮加速系统设计图，并标出加速比。

步骤 3：尝试使用一种传感器控制马达转动，当手柄抬起后马达停止转动。

你选择的是哪一种传感器？你是如何使用传感器控制马达转动的？请画出程序流程图。

步骤 4：你还有哪些新想法使你的陀螺发射器与众不同？

把你的想法写出来或者画出来，并尝试实现它！

想说的话：________________

____

____

____

活动反思

活动依据《中国学生发展核心素养》总体框架，以培养“全面发展的人”为核心，本次活动以传统游戏项目——陀螺为主题，发现小游戏中蕴含的科学，结合智能控制技术，以机器人活动为载体，着力培养学生的理性思维，提升学生勇于探究、乐学善学、勤于反思、解决问题、应用技术的能力。

选择贴近生活、激发动机的主题为切入点，最终的作品可以进行互动游戏。游戏化教学以明确的教学目标为引导，以有条理的知识点为填充，合理分配知识点。老师根据由易到难的内容，设置清晰的关卡目标，使学生获得升级的成就感和相应的技能，并产生不断挑战、持续探索的兴趣。整个活动环环相扣，任务逐步升级，在教师设计的每个关卡，学生都能积极调动已有经验，进行知识与技能的重组与创新，制作、体验、交流、比较，以小组合作的形式勇闯难关，争取最终的游戏环节。学生在与作品互动的过程中，不仅提升了对作品的认同感，而且加深了对作品的理解和应用，产生成就感和创意自信。活动设定的目标达成。

设计是技术的关键，是开展工程制作的前提，这个过程至关重要。而设计—制作—改进—再改进，使产品不断迭代更新。从电动玩具到智能控制，根据用户反馈，不断改进优化产品，学生像科学家和工程师一样思考、学习，提高学科核心素养。

活动中教师要注重对学生的引导。如在制作齿轮传动系统时有一组学生设计了三级变速的齿轮传动系统以获得更快的速度，而在驱动陀螺的实际应用中效果却不如二级变速的齿轮传动系统，学生非常疑惑。教师通过举例说明，使学生理解了速度快、扭矩小，速度慢、扭矩大，在设计制作中不能一味追求快，而要达到速度与力量的平衡。

方案 13 初识物联网造物神器——WU-Link

张璐薇

活动背景

中华人民共和国教育部印发的《关于全面深化课程改革落实立德树人根本任务的意见》中，提出各学段学生发展核心素养体系。校外教育作为学校教育的延伸和补充，应充分发挥自身的阵地优势，融合校内基础学科的知识，坚持以人为本，在实践活动中培养学生善于观察、开动脑筋、敢于实践的良好品质，提高学生运用所学知识解决问题的能力。

物联网是继计算机、互联网之后信息技术领域的第三次重大变革，其核心和基础仍然是互联网，但在互联网的基础上扩展和延伸到了物品，在物品与物品之间进行通信和信息交换。

参与本次活动的学生为物联网兴趣小组学生。物联网造物是基于物联网技术的造物，所创造的物品能够通过互联网实现物物相连。中小学生年龄较小、专业知识也相对缺乏，如果让他们使用过于复杂的硬件和软件，会大大增加造物的难度。WU-Link 是基于物联网技术的一块开发板，集在线编程、无线下载、物物互联功能于一体，既能兼容 Arduino 控制板开发一般的应用，也能非常方便地进行物联网造物。学生使用 WU-Link 便于通过互联网实现物品之间的通信和信息交换，同时可以体验运用物联网技术造物的乐趣。

活动目标

知识与技能：学生了解 WU-Link 的基本使用方法，熟悉 WU-Link 图形化编程网页，掌握编译、下载程序的方法。

过程与方法：运用程序编译、下载的方法，与同伴合作，修改“例程”中的“接收消息”“发送消息”两个程序，通过互联网实现“物物相连”，体验使用 WU-Link 进行物联网编程的便捷性。

情感态度价值观：学生能开动脑筋、积极合作、敢于尝试，体会物联网造物的乐趣。

活动时间和地点

时间：90 分钟。

地点：电子与物联网活动室。

活动对象和规模

物联网小组学生 12 人。

活动内容和形式

活动内容：认识 WU-Link 开发板。了解 WU-Link 在线编程环境。体验 WU-Link 造物乐趣。

活动形式：自主学习、合作学习、任务探究、交流讨论。

活动重点和难点

活动重点：WU-Link 的基本使用方法。

活动难点：组内合作，实现两个 WU-Link 开发板之间的信息传递。

活动准备

教师准备：活动方案、活动课件、活动材料 WU-Link 开发板、平板电脑。

活动过程及设计思路

活动环节	教师活动	学生活动	设计意图
活动引入	播放关于物联网简介的视频。 设问：物联网时代，我们的生活有哪些改变？ 总结学生发言，引出本次活动	观看视频，了解物联网概念及生活中的应用。 结合生活中的所见、所闻、所用回答问题	激发学生兴趣，明确活动内容，培养学生获取有效信息的能力
认识 WU-Link 控制板	（1）组织学生抽签分组。 要求：有秩序，不喧哗；服从抽签，不随意调换。 （2）发放 WU-Link 开发板、学习单，布置自学任务。 任务一：认识 WU-Link 开发板。 找一找：对照学习单中开发板的介绍说明，在 WU-Link 开发板上找到与之对应的板载元器件。 说一说：与同学说一说开发板中一个或多个元件的功能并标注在学习单对应位置上。 教师巡视观察学生自主学习情况，针对学生集中出现的问题进行讲解。 任务二：单击打开电源。 看一看：仔细观察电源键上方电源指示灯和电源键下方状态指示灯的状态情况。 听一听：认真聆听蜂鸣器发出的声音。 教师对 WU-Link 开发板不同状态作出说明	依次抽签，抽到同一电子元件图案卡片的两个学生为一组。 对照说明图，在 WU-Link 开发板上找到点阵屏、按键、亮度传感器、温度传感器、红外发射器、红外接收器等板载元器件。 交流讨论，完成学习单。 学生认真观察、聆听，在学习单上记录 WU-Link 开发板的不同状态	为学生提供与更多人沟通交流的机会，锻炼学生沟通与合作能力。 通过找一找、说一说等环节，学生自主学习 WU-Link 开发板的组成，培养学生认真、细致的学习态度。 引导学生通过观察、聆听了解 WU-Link 开发板不同的状态，增强学习兴趣
了解 WU-Link 编程环境	（1）进入在线编程网站，布置学习任务。 任务一：熟悉编程环境。 要求学生： ① 能根据教师的描述，在编程界面中找到对应的工具指令。 ② 能根据功能描述，在指令区找到对应的编程模块。 提问 1：如何找到“计步器”例子程序？	（1）任务一：自主学习，查看了解各个功能区，熟悉不同编程指令，完成学习单中“学一学”部分内容。	通过自主学习，学生会留下较深的印象，为接下来的活动实施奠定基础。

续表

活动环节	教师活动	学生活动	设计意图
了解 WU-Link 编程环境	提问 2：如何将程序下载？ 任务二：了解编译与下载 ① 找出你最感兴趣的指令，下载到 WU-Link 开发板中。 ② 下载过程中出现了什么问题？ 教师点拨：添加并绑定设备是将程序成功下载到 WU-Link 开发板的关键。 （2）添加并绑定设备。 教师通过教学课件展示添加、绑定设备步骤，带领学生逐步操作，强调注意事项	任务二： ① 在“例程”中，找到有趣的程序指令，并下载。 ② 分析下载失败的原因并与老师、同学分享。 （2） ① 查看 MAC 地址。 ② 观看教师演示步骤及学习单操作步骤。 ③ 完成设备绑定及学习单	检测学生自主学习情况，为任务二做铺垫。 在失败中分析问题，了解程序下载的关键步骤，激发学生解决问题的兴趣，为学生认真学习绑定设备方法的内容奠定良好基础。 通过教师讲解演示，学生更加直观地掌握操作步骤及要领
体验 WU-Link 造物乐趣	（1）教师通过微视频演示讲解程序编译下载的操作步骤。 任务一：选择感兴趣的程序，编译、下载到 WU-Link 中，了解该程序的运行过程。 教师巡视辅导，解决学生们遇到的问题，观察学生参与情况，维持秩序。 （2）教师与学生互动演示，实现两个 WU-Link 开发板之间的信息传递。 设问：为什么当按下第二块 WU-Link 面板上的按键“A”时，第一块 WU-Link 上显示的是第二块 WU-Link 发送的“Hello”。 总结学生发言，讲解 WU-Link 如何通过互联网实现了“物物相连”。	（1）认真观看微视频，学习程序编译下载的方法。 任务一： ① 动手操作，练习编译下载方法。 ② 分析程序实现过程。 （2） ① 认真思考，分析实现信息传递原因及关键。 ② 分别将“发送消息”程序和“接收消息”程序下载至 WU-Link 开发板中，体验物物相连。 ③ 分析程序并尝试修改，发送其他信息	采用演示讲解、任务驱动的方法引导学生实践探究，逐步学会 WU-Link 程序编译和下载方法，突破活动难点，锻炼学生自主探究的能力。

续表

活动环节	教师活动	学生活动	设计意图
体验 WU-Link 造物乐趣	任务二：体验物物相连。 要求： ① 与同伴合作，互相传递发送并接收“Hello”字符。 ② 尝试修改程序，互相传递其他信息		合作完成任务，学生从中明白合作的重要性，逐渐提升合作意识
活动总结	教师对学生在活动中的表现给予肯定并布置活动后作业。 任务：请学生思考：“第二块 WU-Link 除了可以向第一块发送信息以外，你还能够再修改程序，向第三块甚至更多块 WU-Link 发送信息吗？”	① 学生分享如何进行信息传递？ ② 如何修改程序？ ③ 活动过程中遇到的问题及解决方法	学生通过课后作业，在业余时间能够思考改进办法，巩固知识，为下次活动奠定基础
整理桌面 关闭电脑	组织学生清理桌面、地面，将座椅放到指定位置	整理物品	养成良好的活动习惯，培养学生爱护公物的意识

活动效果测评

（1）通过课堂观察、提问以及学习单完成情况，了解学生对 WU-Link 开发板的使用方法、WU-Link 图形化编程环境、程序编译与下载方法的掌握情况。

（2）通过巡视观察学生的任务完成情况，了解学生分工是否合理，能否相互合作实现两个 WU-Link 开发板之间的信息传递。

（3）通过课堂回答问题情况及学生分享展示，测评学生的表达能力、动手能力，以及参与体验物联网造物的积极程度。

活动反思

目前物联网技术应用广泛，正在逐渐改变人们生活、支付、劳动生产等方式。然而物联网技术应用对于基础教育阶段的学生来说有些深奥难懂，因此本次活动将“物联网”概念与学生们感兴趣的“造物”过程结合起来，教师引导学生通过自主学习、合作学习、任务探究、交流讨论等方式，由对“造物”的兴趣逐渐过渡到对“物联网”概念的理解，在实践活动中培养学生善于观察、积极探索、敢于实践的良好品质，体会物联网造物的乐趣。

活动亮点

（1）基于学情分析，引导学生自主学习。学习 WU-Link 基本使用方法的内容是活动的重点，虽然学习内容较多，但对于物联网兴趣小组学生来说，相对简单易懂，因此该部分内容以学生自主学习为主。通过学习单明确每一部分的学习内容，激发学生学习热情，同时配合动手操作任务，有效体验自主学习过程，因此学生参与热情高涨，积极投入，活动重点得以解决。

（2）增加小组互动，鼓励学生合作学习。为了让学生更好地体验“物物相连”的乐趣，进一步理解物联网概念，突破活动难点，教师设计了小组互动环节，鼓励学生开展合作，组队完成互动任务。从而锻炼学生沟通、合作能力，增强他们的合作意识，让学生体会合作的重要性。

（3）运用多种活动形式，引导学生主动探究。为了突破难点，活动在开展合作学习的同时采用微视频演示讲解、任务驱动的方法，引导学生实践探究，逐步探究 WU-Link 之间信息传递的方法，锻炼学生自主探究的能力。

（4）分层设定不同难度任务，保证学生学有所得。学生年龄、能力均有所差异。因此，活动设定由易到难的不同任务，学生可以根据自己能力选择性完成。既不会让学生产生畏难情绪，又最大程度地保护每位学生的自尊心，同时提高了学生参与活动的热情。在时间允许的情况下，鼓励学生向下一个任务发起挑战，尝试突破自我，培养学生坚持不懈、勇于尝试的品质。

活动不足及改进措施

（1）精简活动内容，优化活动时间。本次活动设置的学习内容略多，因活动时间有限，学生自主学习、交流讨论时间不够充分。可以考虑精简自主学习内容。

（2）把控合作过程，关注学生参与情况。合作学习过程中，存在合作效果不佳、个别学生参与度不高的现象。教师除了说明合作的内容、要求外，还应及时了解合作的进展，关注每位学生的参与情况，进行适时引导，并能根据所掌握的情况合理调控。

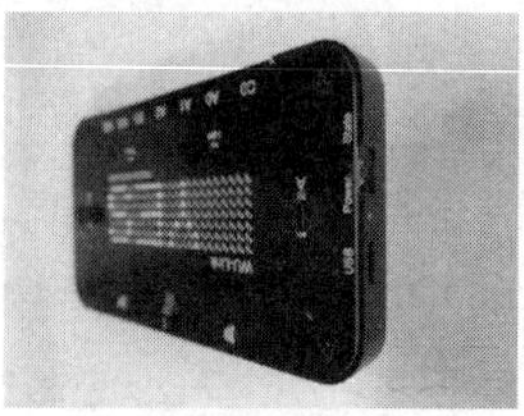

方案 14

植物土壤湿度传感器的探究实验与基础应用

商瑞莹

活动背景

（1）教育发展和社会发展需要。《中国学生发展核心素养》指出，核心素养以培养“全面发展的人”为核心。其中，科学精神作为六大核心素养之一，包括了理性思维、批判质疑和勇于探究三方面内涵，注重引导学生理解和掌握基本的科学原理和方法，运用科学的思维方式认识事物，解决问题。《全民科学素质行动规划纲要（2021—2035 年）》指出：提升基础教育阶段科学教育水平。引导变革教学方式，倡导启发式、探究式、开放式教学，……，推进信息技术与科学教育深度融合。

（2）学期教学计划。创客作为北京市三个一优质项目，在实践开展过程中，不断丰富育人形式和内容。智能编程作为创客教育的重要技能，经过不断地课程设计和思考，形成了以自主探究为主的学习模式，重视学生从自身的生活入手进行观察和思考，与生活实际相结合。本学期的教学内容主要围绕主控板的输入输出设备进行探究，与科学学科深度融合，将技术联系生活，利用科学思维解决实际问题。本次活动是学期的第六次活动，在前几次的活动中已探究过光线传感器、声音传感器的应用，为本次活动的开展打下了一定的基础。

（3）学生学情分析。小组学员主要分布在四至六年级，处于小学中、高年级段。在知识技能方面，通过之前的学习，学生已学习过编程的基本知识，包括循序结构、顺序结构、条件判断、逻辑判断等语句的使用，但还需要巩固提高。关于硬件的学习，探究过类似的模拟输入设备，能够进行硬件连接。

通过前期调查发现，学生对养护植物的话题比较感兴趣。但是如何利用科技的手段及科学的思维来照顾好植物，如何科学地浇花，对于学生来说，是一次全新的尝试。

活动目标

知识与技能：学生知道土壤湿度传感器的性质和返回值范围。学生了解活动室内具体某一种植物的习性，了解浇水的方法。

过程与方法：以小组的形式，通过自主学习、实验探究、步骤设计、完成土壤湿度传感器返回值的探究实验，合作设计出针对某一植物习性的盆栽浇水提醒程序。学生分享、展示小组的研究成果并介绍设计思路。

情感态度价值观：通过自主探究过程，学生能主动思考、自主设计实验方案并实施。学生通过发现问题、解决问题，感受成功的喜悦、体会团队合作的力量。通过活动，学生能够对智能编程的实际应用和创新应用产生兴趣，主动观察生活，思考生成创意想法。

活动时间和地点

活动时间：120 分钟。

活动地点：智创工坊活动室。

活动对象和规模

四至六年级学生 12 人。

活动内容和形式

活动内容：

① 自学土壤湿度传感器的使用方法；

② 设计实验探究土壤湿度传感器的阈值范围；

③ 针对某一盆栽设计程序，实现土壤湿度传感器的基础应用。

活动形式：问题引导、实验探究、小组合作、任务驱动、交流展示。

活动重点和难点

活动重点：实验探究土壤湿度传感器的阈值范围。

活动难点：设计合理的探究实验方案。

活动准备

（1）学生准备：有图形化编程及智能硬件的学习经验。

（2）教师准备：

① 了解学生情况，特别是学生对实验探究的步骤和方法的认识。

② 教学硬件及软件：笔记本电脑、Ipad、投影仪及 Mind+ 软件，本次活动用 PPT 等资料。

③ 掌控板及扩展板、土壤湿度传感器、充电宝。

④ 多盆浇水日期不同的盆栽，并做好标记；盆栽包括虎皮兰和富贵竹两种。

⑤ 学生自学“土壤湿度传感器自学材料”“养花浇水的五大原则”、实验记录单样例。

活动过程及设计思路

活动环节	教师活动	学生活动	设计意图
情景导入	（1）活动缘起：科技馆浇花事件。 （2）提出问题： 如何知道该不该浇水？ 能不能用科学的技术手段解决问题	分析原因。 提出想法和思路：利用传感器制作植物土壤湿度检测仪	由身边真实事件引出问题，鼓励学生用科学的技术手段解决问题而不是仅凭经验判断，从而揭示今天的活动主题
自主探究	（1）认识土壤湿度传感器 ① 出示自学材料； ② 组织知识抢答竞赛	小组的形式，3 人一组一起阅读相关材料，并标注重点。 学生分小组抢答： 模拟量？数字量？ 硬件连接； 插入深度； 模拟量的返回值范围是多少	学生可以通过自学材料了解土壤湿度传感器的使用方法和硬件连接方法，但不知道模拟量的返回值范围。 以小组的形式展开知识竞答，采用抢答制调动学生积极性，通过竞赛的形式对学生的自学过程进行检测和评价

续表

活动环节	教师活动	学生活动	设计意图
自主探究	（2）实验探究土壤湿度传感器的阈值范围。 ①猜想和假设	对阈值进行猜想和假设	实验探究是本次活动的重点。遵循实验探究的过程，用科学探究的方法解决问题
	②制订计划、设计方案。 提出问题：如何将测得数值和实际生活相联系？ 提供做好标记的多盆不同土壤湿度情况的盆栽	小组讨论实验方案： ①搭建电路； ②编程，将掌控板屏幕显示测得的模拟量的值上传到掌控板中； ③测植物的土壤湿度情况，最大值是放水里，最小值呢？ 根据实验材料再次详细设计实验方案，设计实验记录单	学生根据已有经验，能够想到测量传感器的最大值和最小值。但具体怎么测，怎么和实际生活相结合，是学生设计实验的难点。通过提供实验材料，给学生提供思路，降低难度
	③进行实验与搜集数据，教师分组指导	学生编程并进行硬件连接，进行实验。填写自己设计好的实验记录单	
	④分析与论证。针对学生的发现，引导性地抛出问题；针对个别数据，进行论证分析	学生分小组上台汇报实验结果、自己的发现及结论	为学生搭建展示交流的平台，此方式可检验小组合作学习的成果和学生对数据进行的分析和思考是否深入。通过组间数据的对比分析，还可以发现问题，分析论证
实践应用 盆栽浇水提醒仪	（1）AI认识植物。提供两盆习性不同的盆栽：虎皮兰、富贵竹。 （2）提出编程任务。 根据植物的习性，预测合理阈值，编写盆栽浇水提醒程序并上传到主控板中。 （3）鼓励学生分享展示。 （4）指导居家实践活动（分层教学，选做），展示实验记录单样例。 （5）更多应用（分层教学，选做）	学生打开ipad，利用AI识花功能认识植物。 结合文章“养花浇水的五大原则”，针对其中一盆植物进行习性分析，数据评估。 对编好的程序进行展示分享。 与教师一起讨论设计活动记录单。 不同土壤保水量探究	引导学生在生活中利用先进的科学技术解决问题，知道AI识图的用法。 对之前编程学习的综合应用，同时又强调了如何使用传感器与实际测得数据相结合。 针对学有余力的学生，鼓励他们结合实际，对自己设计的盆栽浇水提醒仪及植物进行长期的观测，以不断优化程序，更好地照顾植物

续表

活动环节	教师活动	学生活动	设计意图
活动总结	教师分组点评、总结；组织学生整理桌面及电脑，消毒	学生总结：小组合作情况、实验探究情况及编程情况	学生回顾整个过程，在交流过程中对自我进行反思、评价

活动效果测评

（1）过程性检测。对以下情况进行评判：学生参与知识竞赛的积极性及正确率，小组活动中分工是否明确，探究实验设计是否合理，实验过程是否规范，数据分析是否到位，能否发现问题并解决问题，能否积极热情参与活动。

（2）终结性检测。小组探究实验记录单、针对某一植物的浇水习性进行程序编写的完整度及实用性。

（3）学生自评和互评。学生通过展示交流，互相评价。

附件

1. 活动效果评价表

姓名：　　　　活动时间：　　　　活动主题：

评测项目	评测内容	星级（0～5星）
过程性检测	遵守活动安全要求及活动纪律	
	自主探究的态度和积极性	
	自主探究过程的科学性和可行性	
	小组合作的参与度与配合度	
	展示交流的态度和能力	
	活动结束后完成班级职务职责	
终结性检测	实验记录单（包含表格、数据、结论等元素）	
	程序编写： 1. 土壤湿度检测 2. 盆栽浇水提醒仪	
小组自评	我给小组几颗星：	
小组互评	别人给我几颗星：	

2. 实验记录单样例

盆栽浇水提醒仪阈值设定的长期观测活动

智创工坊活动室　　　姓名：__________

植物名称：　　　　　　　　　植物习性：

浇水日期：

距浇水日期	0天	1天	2天	3天	4天	5天	6天	7天	8天	9天	10天	11天	12天	13天	14天
数值															
评估土壤状态															
距浇水日期	15天	16天	17天	18天	19天	20天	21天	22天	23天	24天	25天	26天	27天	28天	29天
数值															
评估土壤状态															

活动反思

本次活动是一次兴趣小组活动，是学期活动的第六次，有承上启下的作用。活动主要内容是土壤湿度传感器的探究及其基础应用。活动全程采用小组合作的方式，根据学生在活动前的实际情况及兴趣点，设置了清晰的活动目标及合理的重点难点。本次活动较好地达到了预期目标，学生的参与度很高。

活动亮点

（1）创设情景，聚焦学生感兴趣的话题。活动室布置了几盆多肉植物，班级内大多数学生喜欢多肉植物，他们会在课间针对多肉植物的养护问题进行探讨。教师抓住学生的兴趣点进行了此次活动的设计实施。兴趣是最好的老师，学生在活动的整个过程中参与度非常高。

（2）将信息技术与科学教育深度融合，聚焦学生科学探究精神。笔者通过近几年创客教育的实践，特别是在智能编程教学过程中发现，学生容易脱离生活实际而单纯重视技术学习。通过总结经验，不断进行课程设计和思考，本学期进行了科学学科的深度融合。在本次探究土壤湿度传感器返回值的实验中，学生将智能硬件及软件编程与完整的科学探究过程结合，将传感器与实际生活中植物的土壤湿度建立紧密联系，在这个过程中，慢慢形成利用科学探究的方法来解决生活实际问题的意识。

（3）注重学生实际获得，聚焦学生自主探究。活动的主要形式以学生自主探究为主，不论是自学材料的学习，还是实验探究过程中制订计划、设计实验等环节，这些过程都是学生以小组合作的方式一起去完成的。活动的重点是实验探究土壤湿度传感器的阈值范围，难点是学生自主设计实验方案。教师通过提供实验材料，给学生搭架子、降难度。通过提问题，引导学生不断思考，从而每个小组形成最终的实验方案并完成了数据记录和分析。教学重点得以突出，教学难点得以突破，实现了活动育人的全过程。

活动不足及改进措施

问题	原因	改进措施
学生在进行实验的过程中出现了一些操作细节的问题	实验方案是每个组自己制订的，存在着一定的差异性，不能统一而定	虽然每个组的方案不一致，但是教师可以在实验之前，鼓励学生将操作细节讨论得再细致一些
一小部分学生在设计盆栽浇水提醒仪的程序时，对于如何设置阈值仍心存疑惑	无法将测得数据与现实情况相联系	指导学生完善设计方案，加入“土壤状态”一栏，建立数据与现实之间的联系

方案 15 智能检录专家

程楠

活动背景

（1）指导思想

① 教育部印发的《教育信息化 2.0 行动计划》提出要“完善课程方案和课程标准，充实适应信息时代、智能时代发展需要的人工智能和编程课程内容”。在中小学阶段普及推广编程课程，提升青少年的信息素养，发现和培养适应信息时代、智能时代发展需要的计算机科技后备人才。

② 本次活动属于“三个一”创新项目“青少年趣味创意编程”活动内容，该项目以社会主义核心价值观为导向，旨在通过活动培养学生创造力，激发学生潜能，激发学生学习编程的兴趣。项目对象按照学生年龄分层，初级班学生学习图形化编程软件，高级班学生学习以算法和数据结构为核心的 C++ 程序设计，本次活动为初级班活动内容。

（2）活动理念

① 立德树人，关注学生核心素养。在专业实践活动中，落实立德树人根本任务，以学生为主体，将德育贯穿专业实践活动全过程。关注学生核心素养，培养学生实践创新和学会学习的能力，渗透科学精神，培养学生社会责任。

② STEAM 教育理念。落实“STEAM”教育理念，将科学、技术、工程、艺术、数学多学科融合进行综合教育。智能检录专家的程序设计综合了电子技术、数学、信息学等学科，注重培养学生综合素养，可以提高学生的创新力和竞争力。

（3）学情分析

① 软件情况。本次活动使用的是 SmartA6 开源电子原型平台，它能通过各种传感器来感知环境，通过控制声音、读卡器、屏幕和其他的装置

来反馈、影响环境。

② 学生情况。学生已参加过一学期活动，已掌握串并联电路基础知识，会使用 SmartA6 图形化编程软件，如蜂鸣器、屏幕、定时器、延时器的使用，拥有团队协作意识。

③ 本学期的学习计划为熟练掌握 SmartA6 图形化编程软件，包括触发型传感器、数值型传感器、声音及马达驱动类的使用方法和程序设计。本次活动是学期计划中的第六次活动，以触发型传感器“读卡器”为学习重点，联系之前学过的蜂鸣器、屏幕等电子元器件，考察学生的学习效果和综合应用能力，培养学生理性思维能力及创新能力。

智能检录专家可用于医院统计患者人数或博物馆等公共场所随时掌控人数，进行限流。通过此次活动可引导学生关注科技发展对生活的影响。

活动目标

（1）学生掌握触发型传感器读卡器的工作原理。

（2）学生学会智能检录专家的程序设计。

（3）学生完成制作智能检录专家电子作品的任务。

（4）学生锻炼编程能力、理性思维能力、创新能力。

（5）学生喜爱编程，感受到编程的乐趣和魅力。

活动时间和地点

活动时间：120 分钟。

活动地点：崇文科技馆。

活动对象和规模

三四年级小学生 12 人。

活动重点和难点

活动重点：掌握触发型传感器读卡器的工作原理。

活动难点：利用读卡器完成智能检录专家的程序设计。

活动准备

（1）学生准备。安装好 SmartA6 软件的笔记本电脑、学习用具。

（2）教师准备。

① 课件、视频、任务学习单、学生自我评价表、活动效果检测表。

② 开源 UNOR3 主板、下载器、传感器连接线、蜂鸣器、读卡器、屏幕等。

活动过程及设计思路

活动环节	教师活动	学生活动	设计意图
创设情境	① 播放视频介绍智能检录专家； ② 介绍 SmartA6 中的触发型传感器读卡器，举例说明使用功能，围绕“读卡器是如何工作的”进行讨论，为下一环节做铺垫	① 了解智能检录专家的应用； ② 通过讨论了解读卡器的应用领域，如：大型会议人数统计、医院统计患者人数、博物馆进行限流等； ③ 带着问题“读卡器是如何工作的”进入下一环节寻找答案	学生产生积极参与的热情，对触发型传感器读卡器产生好奇心
讨论探索智能检录专家的程序设计	① 介绍触发型传感器读卡器的工作原理，发放任务学习单； ② 任务一：分组探究如何利用读卡器和其他已学习过的电子元器件制作智能检录专家，教师巡逻指导； ③ 带领学生复习蜂鸣器和屏幕的使用，复习并联电路知识； ④ 任务二：画出智能检录专家的程序设计图； ⑤ 针对学生的程序设计图，围绕“所需元器件是否齐全、线路连接是否正确”等内容，组织学生沟通讨论	① 理解读卡器的工作原理：每个人到来时需要刷卡进入，这时控制器通过指令进行加1，然后在屏幕上显示实到总人数并发出声音（蜂鸣器响）提醒； ② 分组探究，讨论出制作智能检录专家所必需的元器件，填写任务学习单； ③ 复习蜂鸣器、屏幕、并联电路，填写任务学习单； ④ 在任务学习单上画出程序设计图； ⑤ 针对程序设计图互相讨论学习	① 学生掌握触发型传感器读卡器的工作原理，并可以独立表述（突出重点）； ② 锻炼学生的编程能力和理性思维能力； ③ 讨论探索环节需逐步深入，从读卡器原理的学习到制作智能检录专家所必需的元器件，应用之前学习过的蜂鸣器和屏幕。教师带领学生复习并联电路，在之前的知识基础上增加读卡器完成智能检录专家的程序设计（突破难点）

续表

活动环节	教师活动	学生活动	设计意图
实践练习制作智能检录专家	① 任务三：根据程序设计图，在 SmartA6 中完成智能检录专家的程序设计，并写清程序指令（会应用到电子技术中的串并联电路、数学中的递增数列、信息学中的编程语言）； ② 教师巡逻指导，发放硬件材料； ③ 任务四：硬件连接，下载程序。以角色扮演的方式检验效果	① 自主利用读卡器、蜂鸣器、屏幕、定时器、延时器在 SmartA6 中完成智能检录专家的程序设计； ② 按照设计的电路完成硬件连接，将程序下载到电子作品中； ③ 合作检验作品效果，1 人为工作人员，其他人为游客	① 学生综合电子技术、数学、信息学等学科知识完成智能检录专家的程序设计； ② 学生完成制作智能检录专家电子作品的任务
拓展提高智能检录专家的应用	任务五：分别用白色卡和蓝色卡靠近读卡器的感应区，观察有什么效果？讨论原因？	作品测试，讨论两种卡的效果，找出相同与不同之处	学生了解不同电子卡的差异与应用
展示表达	① 组织学生展示； ② 引导学生讨论智能检录专家程序在生活中的应用及经济价值	① 展示作品，分享设计想法； ② 共同讨论作品的生活应用及社会经济价值	学生感受编程的乐趣和魅力
活动总结	① 总结：智能检录专家可以应用在生活的很多方面，从读卡器到超声波测距器，先进的科学技术为我们的生活提供了很多便利，大家要多观察、勤思考； ② 组织学生整理物品	① 回顾本活动，谈谈自己的收获； ② 收拾桌面，将物品摆放整齐	① 师生交流增加了解，得到学生反馈； ② 学生养成良好习惯

活动效果测评

从过程性检测和结果性检测两个维度检测活动效果，其中运用观察法、访谈法和问卷法。

（1）过程性检测。观察学生在活动中的参与度、讨论的热烈程度以及编程步骤的正确性，关注任务学习单。

（2）结果性检测。评价学生的最终作品智能检录专家（硬件作品及程序设计）。

学生自评与互评：学生对自己做出评价，填写自我评价表。学生通过展示观摩，互相评价对方作品。

采访学生与家长：活动结束后采访参与活动的学生，了解他们对活动的感受和体会。与家长们交流活动情况，了解家长对活动的反馈。

（3）检测目标达成度。针对活动目标，对学生的学习效果进行检测，体现发展性评价理念。

活动反思

本次活动通过引、探、练、拓、展、结六个环节开展实施，下面就活动情况进行总结。

活动亮点

（1）注重兴趣培养，体现核心素养的培育。本次活动依据核心素养，制订活动目标。通过活动，一方面可以培养学生实践创新和学会学习的能力；另一方面，也可以培养学生科学精神，以兴趣为出发点，让科学的种子在学生心中生根发芽。

（2）环节安排有序，落实目标突破重难点。本次活动的目标、重难点是依据活动前对学生已有知识水平和能力进行调查分析后确立的。活动从学生实际情况出发，目标清晰明了，可以检测。这样保证了活动是立足于学生的实际需求，突出了学生的主体性和教师的主导性。每个环节的设计都落实了相对应的活动目标。为了突出重点，学生在掌握了读卡器的工作原理后，还要独立表述出来，将知识转化为自己认知的一部分。在讨论探索环节中，递进式的活动设计层层深入，使学生既复习了旧知识，又掌握了新知识，锻炼了学生综合应用能力和创新力，突破了活动难点。

（3）检测方法多元，体现发展性评价理念。从学情分析的调查，到活动目标的确立，再到活动检测的达成，本次活动有据可循、有理可依、环环相扣，通过多种评价方式检测活动效果，体现了发展性评价理念。根据学生具体表现和反馈，对照活动效果检测表，活动目标均已达成，实现了活动育人的全过程。

活动不足及改进措施

活动不足	教师原因	学生原因	改进措施
参与活动的学生综合能力存在差异，编程能力较强的学生完成作品时间较快。这导致编程能力稍弱的学生产生急躁情绪，为了追赶其他同学，没有认真编写并检查程序，第一次下载运行程序时没有成功，需要花费更多的时间修改程序，重新检测作品效果	在活动中未能更好地引导学生将关注度放在自己的进步上，对能力稍弱的学生关注度还不够，容易造成学生急于求成的心理	由于好胜心理，学生想尽快完成作品	教师对能力稍弱的学生给予更多的关注。教师引导学生关注实际获得，除了横向比较外，更要纵向比较，注重自身的发展与技能水平的提高，鼓励学生慢慢增强综合能力

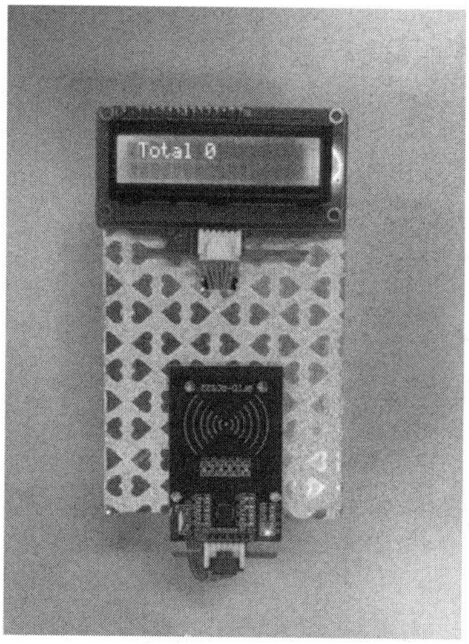

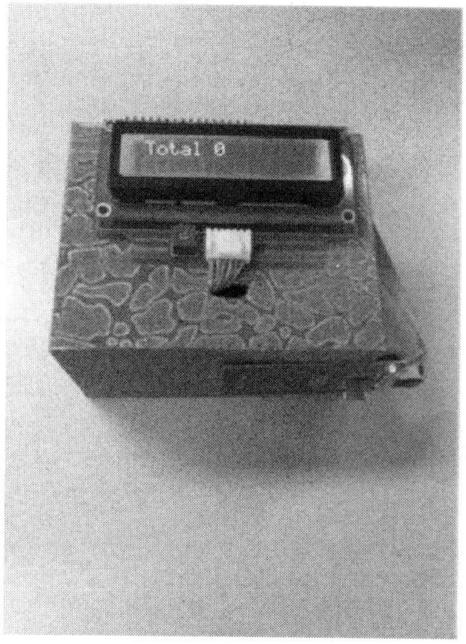

方案 16

KNN 算法的机器学习应用——智能物品分类器创意设计实践

穆晓萌

活动背景

根据《关于全面深化课程改革落实立德树人根本任务的意见》的指导意见，明确学生应具备适应终身发展和社会发展需求的必备品格和关键能力。随着人工智能技术的不断发展及其对社会生活所产生的广泛影响，2017 年国务院发布的《新一代人工智能发展规划》提出“在中小学阶段设置人工智能相关课程”。开展青少年人工智能教育不仅有助于学生全面地掌握基础知识技能，建立不同技术和关键知识之间的横向联系，还有助于养成对知识进行整合与迁移的能力，这分别对应学会学习、科学精神、实践创新三项核心素养表现。

结合“十四五”已申报课题《校外青少年人工智能教育的实践研究》，以践行立德树人、活动育人为宗旨，鼓励学生关注实际生活体验，引导学生探索改进已有物品，让学生树立乐学善学精神，创新劳动方式，提高劳动效率。

本次参与活动学生共有 16 人，均为市级“三个一”创新类优质项目“青少年智能控制实践交流”衍生社团的学员。通过前 10 周 Mind+ 软件专题活动，学生已掌握软件中角色造型和声音的处理，以及 8 类基础模块的组合编程。随着编程思维的逐渐形成，学生迫切地想探索人工智能技术的实际应用，将思考创意和方案转化为有形物品，解决实际问题。

活动目标

（1）学生能结合生活实际阐明机器学习模块中 KNN 算法的工作原理，完成智能分类器创意设计作品。

（2）学生能与同学讨论分析并再现案例程序功能，拟定创意设计，搭建面包板演示电路，反复测试分类模型，联系生活实例讲解团队设计作品。

（3）学生愿意向他人展示团队创意设计作品，与同学互助探究学习，热爱智能化带给生活的便利。

活动时间和地点

活动时间：120 分钟。

活动场地：智能控制活动教室。

活动对象和规模

活动对象：小学三至六年级学生（相关学习 1 年以上）。

活动规模：智能控制兴趣小组 16 人。

活动内容和形式

本次活动主题为“机器学习”，即人工智能技术可以基于客观的世界信息进行学习，从而改善自我性能。学生通过理解 KNN 算法物品分类器工作原理，从生活实际应用出发，分组讨论并选取具有实用价值的问题，探索智能分类器人机交互设计方案，修改原始分类模型，动手搭建面包板演示电路，分享完善后创意设计作品。

活动重点和难点

活动重点：学生能结合生活创意设计智能物品分类器。

活动难点：学生能实践高效的KNN算法机器学习过程。

活动准备

（1）教师准备。机器学习中KNN算法微课视频、PPT演示文稿、学员活动照片、制作学员自评与互评标准、制作学员活动记录单、Mind+图形化编程指令列表、32位以上Windows10操作系统电脑、备用USB外接摄像头。

（2）学生准备。掌握Mind+编程软件中8类基础指令模块的使用方法；调查记录生活中可以使用智能机器代替人工的分拣类工作。

活动过程及设计思路

活动环节	教师活动	学生活动	设计意图
情景回顾	【提问】家里有很多不同型号的口罩，能否让人工智能来帮忙分类呢？	结合学习经验思考，回答问题	初步启发学生思考人工智能的生活应用
案例导学	运行基于KNN算法的口罩分类器案例程序。 【提问1】案例中机器共识别了几种物品？ 【提问2】你认为机器是通过哪些特征识别口罩型号的？	观看案例演示过程。  ① 回忆案例回答问题。 ② 思考回答问题	激发学生探索活动重点。 初次明确活动难点。 引导学生联想
算法初探	播放【视频微课】KNN算法的机器学习模型，发放学习单。 结合PPT演示，用生活实例及古文解说帮助学生理解概念	观看视频，建立机器学习概念，填写学习单。 联系生活经验理解KNN算法分类模型建立步骤，填写学习单	学习单题目设置能精准突破活动难点。 多维度举例，帮助学生强化活动重点
模型初建	启发学生思考KNN智能分类器案例工作原理及流程。 根据“机器学习”模块指令表与流程图实现案例程序功能	① 思考：根据KNN算法分类模型的建立步骤梳理程序流程。 ② 尝试填写学习单	明确程序流程有助于学生理解KNN算法分类原理。 指导学生分步骤编程建立分类模型

续表

活动环节	教师活动	学生活动	设计意图
创意讨论	引导学生两人一组以每日饮食起居为线索，展开“头脑风暴”。 巡视参与学生讨论	在学习单上列出想到的创意点。 分组讨论确定创意选题	学生能力存在差异，重点在联系生活展开创意想象。 帮助能力较弱的学生小组选择可实现创意选题
程序实现	指导学生将案例程序转变为创意程序。 启发学生利用面包板制作人机交互演示作品	① 整合模型分类原理，修改案例程序，编写创意程序设计。 ② 搭建面包板演示电路	培养学生知识迁移能力。 学生创意向实物转化的第一步
实践改进	① 巡视协助学生使用程序完成训练集样本采集。 ② 与学生讨论提升模型识别性能的方法	各组学生监督模型训练集学习。 重复测试提升训练集样本全面性和典型性，可提高识别性能，归纳填写学习单	改进训练集样本采集过程，进一步突破活动难点。 学生获得直接经验，最终突破活动难点
展示分享	向学生明确展示讲解的要求（包括：创意来源、团队分工、程序设计、实物演示、遇到问题、解决方法、创新点）； 协助学生顺利完成演示及解说	各小组分享创意展示及智能演示作品。 按照学习单提示演示实物作品，讲解设计创意及应用领域	按流程展示，有助于学生高质量地完成分享。分享过程能提升学生语言表达能力
拓展评价	梳理学生参与活动过程。 向学生展示更多机器学习的实际应用案例	回顾活动中的收获和问题，对照评价标准完成自评与互评。展望创意设计作品在生活中的应用效果与实现方法	标准能指导学生正确评价自我。 引申创意设计演示作品的实用性作为活动重点的拓展

活动效果测评

总结性检测：检测学生活动记录单填写完整度，检测学生作品展演效果。

过程性检测：教师观察各环节学生参与活动的主动性。

学生自评与互评：学生认真对比各团队的展示分享过程，逐项按标准进行评价。

家长反馈：了解活动后家长对活动效果质量的认可度。

活动反思

人工智能是一个高度交叉的学科，当前中小学人工智能教育主要是在信息技术、STEAM 课程中融入人工智能相关教学内容，包括人工智能理论基础、简单系统开发、技术应用等。为帮助学生全面体验人工智能在生活中的应用，充分认识自己的好奇心、兴趣点和能力特长，实施了本次以学生主体实践，学习单辅助推进，最终以学生分享作品达成活动目标的检测。

活动亮点

（1）专业核心，应用为本。本次活动以机器学习为主题，通过项目式学习复现 KNN 算法的机器学习过程，学生从自身兴趣出发，关联实际生活，反思自己的学习经验。从专业和应用方面促使学生将知识技能迁移到身边事物中，建立学生学以致用、用以促学的良性循环。

（2）关注个性，实践创新。基于成果导向教育（OBE）理论，帮助学生建立创新思维，需要更加关注个体需求、开放自主的学习方式。学生不仅是学习者，还是创造者；既是感受者，更是实践者。

（3）“馆家”共育，多维评价。活动前与家长沟通预设情景，围绕活动主题对学生开展家庭教育，促使学生获取直接经验，有效地衔接家庭和科技馆活动。

活动中唤醒学生过往真实经验，检测学生分析、讨论、合作、实践、展示等方面的能力，配合学生自评互评标准，有效地帮助学生多角度评价自己。

活动后指导家长巩固活动效果，拓展学生创意思维领域，引导学生在生活、学习中将发现转化为个性化认知，通过分析与思考探索问题解决之道，实现自主创新。

本次活动的设计与实施，不仅平衡了学生自有知识储备与人工智能学习需求的不匹配，还极大调动了家长参与活动的热情，学生自觉地将项目式学习内化为自身素养。

活动后学生表现出对机器学习中人脸和表情识别内容的学习期望，时间原因本次活动未涉及，已考虑纳入下一阶段教学计划中实施。伴随原市级“三个一”创新优质项目的推进与北京市“十四五”课题的申报，青少年智能控制俱乐部活动的内容和形式将更加深入和多元化，让学生学有所得、学有所获、学有所长。

第三篇

综合素养 + 科技教育

方案 17
莫比乌斯环

陈阿娜

活动背景

（1）活动依据。核心素养以培养“全面发展的人”为核心，以科学精神、学会学习、实践创新作为重要内容，包括理性思维、批判质疑、勇于探究、乐学善学、勤于反思、问题解决等方面内涵。在核心素养的指引下，引导学生乐学善学、培养学生良好的思维能力是科技教育要达到的重要目标，要为学生创设思考与探索的空间，提供学习素材，激发学生的探索欲望，形成思考、探索问题的兴趣，逐步发展思维能力。

校外教育与校内教育融合发展背景下，校外教育应明确课程定位及特征，充分体现校外教育自身价值与优势。创新思维俱乐部课程设计与校内教育紧密连接，挖掘校内学科教材中的科普学习素材，以校内外融合与多学科融合为特征，以提高学生的科学素养、思维能力、学习兴趣为目标，精心设计活动内容。本次活动结合人教版四年级、北师大版六年级数学课程的相关内容。

（2）学情分析。创新俱乐部学生都为四至六年级学生，此年龄段学生有对新问题好奇、好提问、好探究的特点。本次活动具有很强的游戏性，并且对于激发学生数学思想有一定意义。

活动目标

知识与技能：

① 认识“莫比乌斯环”，能够将长方形纸条制成“莫比乌斯环”，学生发现“莫比乌斯环”的性质。

② 通过动手实践，学生发现将“莫比乌斯环”沿着中线、三等分线剪

开的特征。

③ 学生完成“双人脱困”游戏与“莫比乌斯”模型的制作。

过程与方法：

① 初步领会“观察、猜测、想象、验证”的学习方法，学生通过思考、操作发现并验证“莫比乌斯环”的特征。

② 培养学生大胆猜测、勇于实践的求索精神。

情感、态度、价值观：

① 学生在活动中感受数学的魅力，培养数学情感。

② 感受积极思考、探索实践带来的愉悦感，产生思维训练学习的信心与兴趣。

活动时间和地点

活动时间：90 分钟。

活动地点：崇文科技馆。

活动对象和规模

创新思维俱乐部四至六年级学生，14 名。

活动内容和形式

（1）认识莫比乌斯环。交流分享，认识莫比乌斯环。

（2）思考探究、玩游戏。自主探究、小组研讨，玩游戏。

（3）动手实践、做模型。体验制作，合作完成模型作品。

（4）交流分享、思收获。展示交流，总结反思，鼓励评价。

活动准备

（1）学生准备：上课前准备剪刀、胶带、彩笔、长方形纸条。

（2）教师准备：PPT、14 条短绳、模型材料若干、评价表。

活动过程及设计思路

活动环节	教师活动	学生活动	活动的设计意图
认识莫比乌斯	（1）提出要求，导入新课 学生一走进教室，就看到很多五颜六色的纸条，它就是这节课我们要研究的对象。你可别看它简单，其中隐藏着好多数学奥秘呢。希望大家能够大胆猜想，带着问题参与到课程中间来，做一个学习的有心人。 （2）初识莫比乌斯环 首先出示长方形纸条。它有几个面？几条边呢？ 有一只小蚂蚁，它知道了纸条背面有面包屑，假如不让蚂蚁爬过纸的边缘，它怎么才能吃到面包屑呢？请大家试一下吧。 （3）组织讨论、实践	2个面4条边 独立思考，再分组讨论、实践。 由做出来的学生介绍做法： 将其中的一边转180度并粘贴起来	学生们能够发挥主观能动性，始终作为课堂活动的主角，主动积极思考
做模型	（1）制作莫比乌斯环。小蚂蚁是怎么吃到面包屑的呢？我们一起来试一下吧。 请在纸环上标出小蚂蚁和面包屑的位置，同时画出小蚂蚁的路线。 如果沿着这条路线继续画下去，你会发现什么呢	动手制作莫比乌斯环。 聆听、思考、探索、讨论。 学生在制作中领会到莫比乌斯环最显著的特征是： ① 只有一个面，没有内外。 ② 不管从哪一个点出发，最后都会发现回到原点。莫比乌斯环就是无限循环的一个象征	做到寓教于乐，寓学于趣。每一位学生都积极参与，亲自动手实践，在实践中加深认知
	（2）了解莫比乌斯环（介绍“莫比乌斯环”名字的来历）。 我们把普通的纸圈沿中线的剪开，会得到两个纸圈，但是我们如果把莫比乌斯环沿中线剪，会怎么样呢？ 如果把莫比乌斯环沿三等分线剪，又会怎样呢？	先大胆猜测，再小组讨论，后动手操作、验证猜测。 剪开后，得到了一个大环。 剪开后，形成一大一小相互套连的两个环	点明探究目标，提出具体的问题组织教学，引导学生在实践中寻找问题答案
	（3）发放材料，引导讨论。通过学习，我们认识、了解了莫比乌斯环，接下来我们以大组为单位，用科乐思材料来制作一个大大的莫比乌斯环。 组织讨论	学生分组，以组为单位由组长领取材料。 小组讨论如何用领取到的材料来制作一个莫比乌斯环	通过小组合作学习及时解决问题，保障活动顺利进行，学生体会合作的快乐、高效

续表

活动环节	教师活动	学生活动	活动的设计意图
做模型	（4）组织制作，巡视指导观察，巡视指导，及时解决问题，随时给予帮助，协助完成作品。 组织拍照	学生根据上一环节掌握的知识，小组合作制作莫比乌斯环模型，如果有问题随时在小组内或向老师寻求帮助。 与模型合影，留下纪念	学生自主实践，将掌握的知识与实践相结合，认知将更加深刻
玩游戏	（1）出示游戏双人脱困。莫比乌斯环看似一个简单的环，却蕴藏着无尽的奥秘。它的发现使拓扑学有了长足的发展。通俗来讲，拓扑就是无论我变成什么形状，我还是我。	两个学生组成一组，以组为单位由组长领取材料。 相互帮助，按照PPT要求戴好道具绳	游戏可以使学生处于生动的情境中，激发学生的学习热情，增强课堂参与感，让学生体会学习的乐趣
	（2）组织游戏。游戏的规则：不解开绳结，不破坏、不剪断绳子的情况下把两条绳子分开。 观察，巡视	两个学生组成一组，大胆思考、尝试、实践	组织学生动手操作、动脑思考、用心感知，获得充足的体验感
	（3）示范、交流、再实践："请问有哪些组做出来了呢？请做出来的其中两个学生到台前示范。" 组织再实践	做出来的学生到讲台上进行交流、示范。 做法：A把绳圈塞进B手腕上的套索中，使绳圈穿过一只手腕，然后A把绳圈绕过B的手指并从套索中拉出。 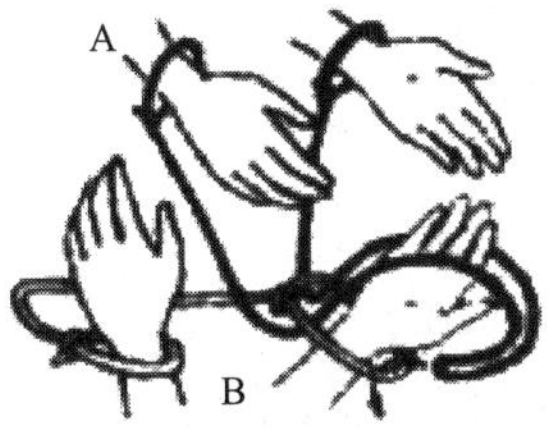 其他学生聆听、思考、再实践	有意识地发现榜样、树立榜样，并给学生提供充分表达的空间。学生通过做示范体会到荣誉和尊严，提升自信心和学习的兴趣。 通过再实践使每一位学生掌握方法，收获良好体验，激发数学情感
思收获	（1）组织交流。"你对今天自己在活动中的表现满意吗？" （2）总结分享。"请说说你在本次活动中的收获与表现。"	学生交流活动过程中的想法，如遇到的困难、解决办法。 其他学生点评、交流 ① 学生分享收获。 ② 学生填写评价表	学生学会概括、总结，锻炼语言表达及沟通能力。 为学生搭建平台，在交流过程中进行反思与评价

活动效果测评

（1）过程性检测。观察学生在活动中的参与度与热情，是否愿意主动思考，参加讨论交流是否积极，组内意见是否达成统一。

（2）终结性检测。判断学生是否了解了基本知识；学生是否成功探究了莫比乌斯环的性质；学生是否成功完成了游戏和模型作品；通过总结环节了解学生的收获与成长。

（3）学生自评及互评。学生通过展示交流，相互评价。

方案 18

知眼护眼你我同行——健康科普体验活动

郑羽佳

活动背景

（1）政策依据。《中国学生发展核心素养》以培养“全面发展的人”为核心，分为文化基础、自主发展、社会参与三个方面。本次活动主要根据“健康生活”“学会学习”“责任担当”素养，围绕珍爱生命、乐学善学和社会责任要点，旨在培养学生健康文明的行为习惯和生活方式，提高学生学习兴趣，让学生能够主动作为，为自己和他人负责。

2021 年 1 月，东城区教委颁发《关于东城区青少年“健康˙提升 2025”工程的实施意见》，提到以“立德树人”为根本，坚持“健康第一”的教育理念，坚持“五育并举”。以学生喜闻乐见的方式宣传护眼知识和理念，促进学生逐步从意识到行为的内化，从小养成科学护眼、防近视的好习惯。

6 月 6 日为全国“爱眼日”。本次活动围绕“关注普遍的眼健康”主题，针对中小学生，各教育部门应开展内容丰富、形式多样、印象深刻的爱眼健康教育活动。

（2）北京市“三个一”项目建设要求。北京市校外机构“三个一”项目建设，提出以践行社会主义核心价值观为导向，紧紧围绕立德树人的根本任务，坚持活动育人、实践育人，坚持兴趣培养和个性化教育。“体育+”科技体验系列活动优质项目，通过游戏互动、角色体验、体育竞技等方式，引导学生履行健康的生活方式，使学生了解健康知识，明辨是非，注重体育锻炼，提高动手操作能力。

（3）学情分析。本次活动为三年级学生 50 名，通过与学校教师的前期沟通，了解到学生对眼睛有初步的认识，知道需要爱护眼睛，会做眼保健操，具有一定的合作能力及解决问题、动手实践的能力。但不少学生在学习生活中没有良好的用眼习惯和深刻的爱眼意识。活动前，学生已经通过崇文科技馆微信公众号的知识学习，对眼球构造有了初步的认识。

活动目标

知识与技能：知道眼球组织结构，了解近视、远视的眼球组织结构变化。

方法与能力：

① 学会模型比例换算的方法，绘制并制作眼球结构剖面模型；

② 通过生物模型的制作和分享，增强动手能力和语言表达能力。

情感态度价值观：学生能够增强科学用眼的意识，了解户外运动对预防近视的重要性，积极宣传护眼知识。

活动时间和地点

活动时间：120 分钟。

地点：崇文小学教室。

活动对象和规模

小学三年级学生 50 人。

活动内容和形式

本次活动以学生为主体，采取任务驱动的活动方法，激发学生的学习兴趣。根据他们的认知水平及动手能力，进一步将知眼护眼内化于心，外化于行。

① 将数学、物理、生物等学科知识融于活动中，德育、美育贯穿活动始终，活动重视活动评价，关注学生实际获得。

② 通过眼球生物模型的制作，学生直观了解眼球的组织结构，了解正常视力、近视、远视眼球组织结构的不同，进一步增强护眼意识。

活动重点和难点

活动重点：利用超轻黏土制作眼球剖面生物模型；进一步增强科学用眼意识。

活动难点：知道眼球组织结构。

活动准备

教师准备：

① 设计活动内容，撰写活动方案、安全预案；

② 联系学校教师，确定多媒体设备及活动场地，了解学生用眼认知；

③ 提前在线上分享有关科普知识；

④ 准备生物模型制作的材料（卡纸、超轻黏土），学习任务单，护眼知识问答，活动自评表，活动应急药箱。

学生准备：学生通过崇文科技馆公众号自学眼球结构知识。

活动过程及设计思路

活动环节	教师活动	学生活动	设计意图
引入 （10 分钟）	① 发放学习任务单； ② 播放眼球结构讲解视频； ③ 带领学生复习眼球结构的相关知识	① 填写学习任务单； ② 复习知识：对照视频自查填写的答案； ③ 学生边听，边检查自己的答案	① 眼球结构知识相对较难，学生提前自学，可以提高活动效率，加深学习效果，培养学生的自学能力。 ② 学生自查，可以提高学生专注力。加深知识的理解。 ③ 进一步巩固知识
学 （15 分钟）	① 讲解相关知识： 屈光不正的眼球状态： 近视眼眼球前后径变长；远视眼眼球前后径变短。 ② 分析原理：近视是看到的光线、物体聚焦到视网膜前；远视是看到的光线、物体聚焦到视网膜后。	学习 ① 填写学习任务单 ② 学习生物模型及制作方法。	① 知道近视眼、远视眼的眼球形态及原理。 ② 生物学与物理知识的融合。

续表

活动环节	教师活动	学生活动	设计意图
学 （15 分钟）	③ 展示眼球生物模型并讲解其制作基本方法。 ④ 生物模型比例换算。正常眼球前后径约为 2.4 厘米；近视眼球前后径约为 2.5 厘米；远视眼球前后径约为 2.3 厘米。 放大：原始数据 × 倍数 = 模型尺寸 缩小：原始数据 / 倍数 = 模型尺寸	③ 10 岁儿童眼球尺寸与成人基本相等。根据自己的眼睛状况（近视、远视、正常），计算模型尺寸，填写学习任务单	③ 生物学与数学融合。根据自身眼球情况计算模型比例，知道生物模型的制作方法，为之后动手制作做准备。 ④ 让学生计算自己的眼球模型尺寸，提高学生活动兴趣，增强学生护眼意识
做 （60 分钟）	① 指导学生绘制眼球结构图，要求绘制数据科学、准确 ② 引导学生制作自身的眼球模型，发放制作用材料（重申模型制作的注意事项：科学、准确、美观） ③ 巡视，鼓励同学之间的相互帮助	① 根据学习任务单上计算出的模型尺寸，绘制自身的眼球结构模型图（正常、近视、远视） ② 制作—改进—完善美感—标识	① 多学科知识融合，提高学生对科学严谨性的意识，增强学生美学体验。 ② 学生从直观上认识眼球结构，增强护眼意识、动手能力及合作互助精神
巩固 （25 分钟）	① 组织学生展示作品，进行作品点评，进一步强调眼球重要性 ②护眼知识全班快速问答：是（站起来）；否（坐下）	① 展示作品，分享交流 通过学习同学的作品巩固知识 ②全体参与爱眼知识问答	增强学生的语言表达能力。 知识的再巩固，学生进一步意识到眼球结构的精妙，增强学生护眼意识。 采用快速问答的形式，使活动进入高潮
结 （10 分钟）	① 教师总结，宣传全国爱眼日 ② 发放学生自主评价表 ③ 发放活动奖品；建议学生向他人宣传护眼知识 ④ 组织学生整理桌面，清理地面垃圾	① 填写活动自主评价表 ② 按要求整理教室	进一步增强学生日常生活学习中的护眼意识，并使学生能够向其他同学宣传。 养成良好的活动习惯

活动效果测评

本次活动评价与活动目标相对应，通过学习任务单、学生自评表、活动过程中教师观察等手段进行效果评价，具体如下：

评价项目	活动内容	评价标准	评价标准			
			优	良	中	差
知识与技能	学生能够说出眼球组织结构	学习任务单，学生自评表				
	学生能够说出近视、远视的眼球组织结构变化	学习任务单，学生自评表				
方法与能力	学生学会模型比例换算的方法	学习任务单，学生自评表				
	学生能够绘制眼球结构剖面结构图	是否独立绘制结构图，学生自评表				
	学生能够制作眼球剖面模型	是否独立制作模型，学生自评表				
	学生能够展示模型，并流利地进行模型讲解	交流与展示的情况				
情感态度价值观	学生能够增强科学用眼的意识	学习任务单，知识问答环节，学生自评表				
	积极宣传护眼知识	活动后的爱眼知识小报，学生自评表				
活动表现	活动过程表现踊跃	活动中教师观察				
	积极回答问题	活动中教师观察				
	能够帮助同学	活动中教师观察，学生自评表				

附件

学生自我评价表

姓名：

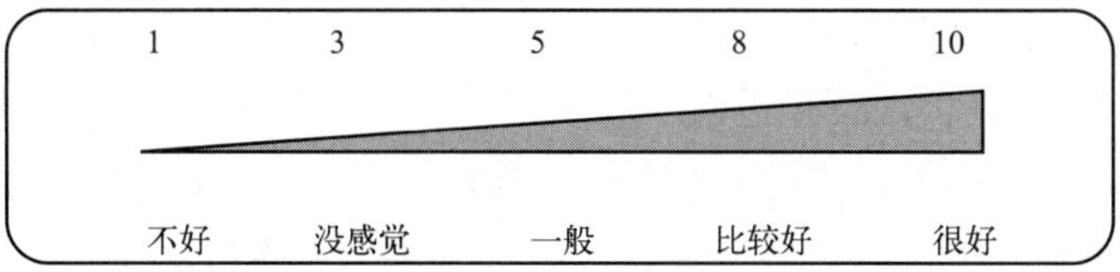

序号	评价内容	活动前的感受、评价	活动结束后的感受、评价
1	我喜欢这次活动！		
2	我知道了眼球的构造！		
3	我知道了如何换算制作模型比例，我好棒！		
4	我掌握了生物模型制作的方法，我的作品很漂亮！		
5	我知道了眼球很珍贵，结构很精密，我越来越爱护我的眼睛了！		
6	我愿意将科学的护眼方法分享给身边人，让我们一起保护眼睛！		
7	当同学动手制作有难处时，我愿意帮助他们，这使我快乐！		

注：学生用 1 ～ 10 填写自己的真实感受。

活动反思

本次活动从学生实际需要出发，通过五个活动环节，层层深入，使学生在学中做、在做中思、在思中行。学生学习了眼球的组织结构，掌握了生物模型的制作方法，提高了爱眼意识，能够主动地宣传爱眼知识。活动实现了活动育人的效果。

活动亮点

（1）围绕活动理念，凸显活动教育性。本次活动旨在让学生能够深刻意识到眼睛的重要性，将爱眼意识和行为落实到日常生活和学习中。活动中，学生学习了眼睛的组织结构，学习了近视、远视、正常眼球的结构，学生认识到眼球结构的精妙与独特，意识到眼睛的重要性，发自内心地爱护眼睛。

（2）渗透学科融合，全方位育人。校外科普活动作为学校教育的有效补充，应立足于学科基础并适当扩展知识内容，生物模型制作简单、效果直观、生动有趣。在活动中融合数学、物理、生物等学科知识，增强学生实际获得。

（3）重点突出，难点突破。为突出重点，活动中反复强化眼球结构知识，为学生动手实践的顺利开展保驾护航。活动打破传统的动手实践模式，教师创设活动情境，学生制作自己眼球健康情况的生物模型，活动热情高涨。通过知识的学习和模型的制作，学生将眼球结构知识内化于心，增强爱眼意识。

针对三年级的学生，本次活动将难点定为眼球组织结构。学生通过提前预习，活动中复习，学习任务单自检学习效果，绘制眼球结构图，制作眼球生物模型，反复强化了知识。

（4）活动评价检测、活动目标贯穿活动始终。关注学生实际获得，针对活动目标，制订具体可测的活动评价。贯穿全过程的学习任务单、学生自评表、学生活动表现、模型制作情况……全方位检测活动效果。

活动不足及改进措施

在快速问答环节，有的学生回答错误，没有拿到奖品，学生情绪明显低落。分析原因是：教师未能将学生的关注点引导到爱眼知识上来；小学生有喜欢奖品的心理。

改进措施：教师引导学生关注爱眼知识，淡化奖品的概念；根据学生多方面表现设置奖励措施。

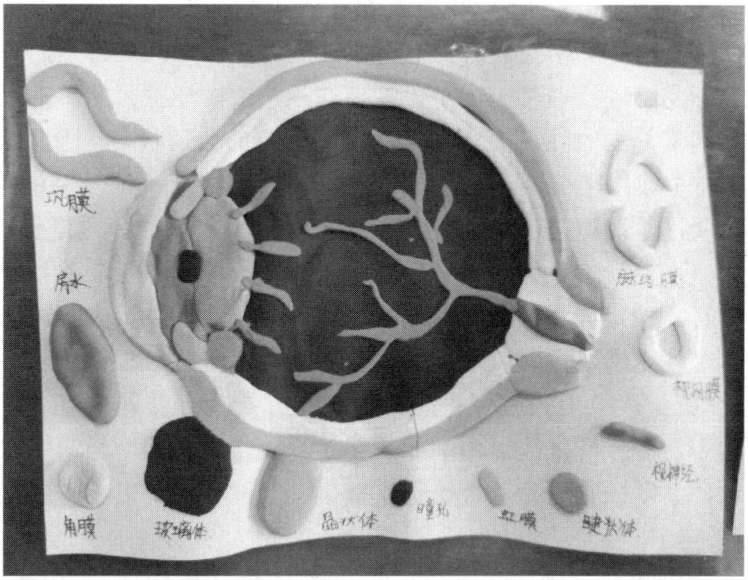

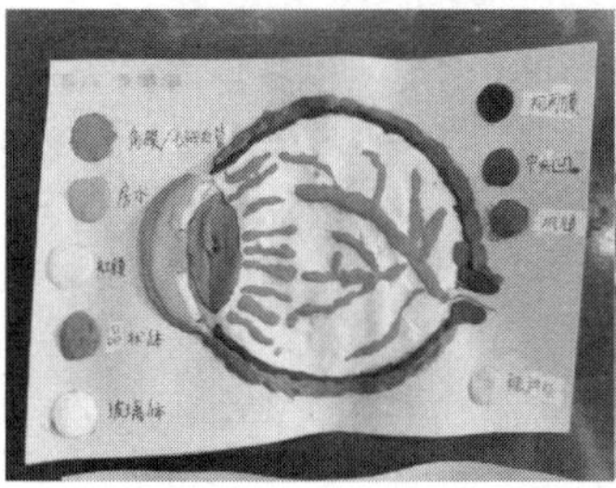

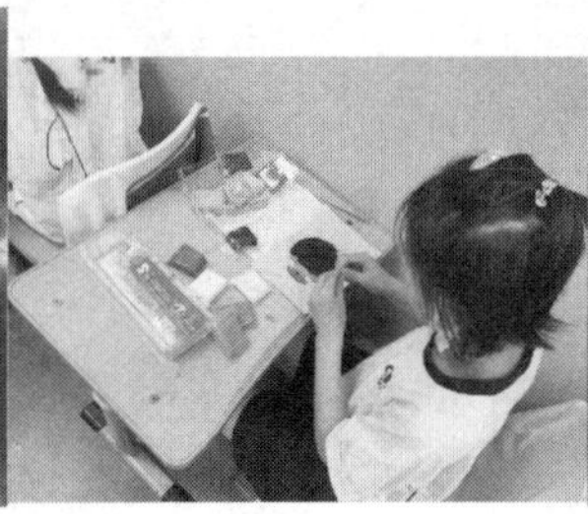

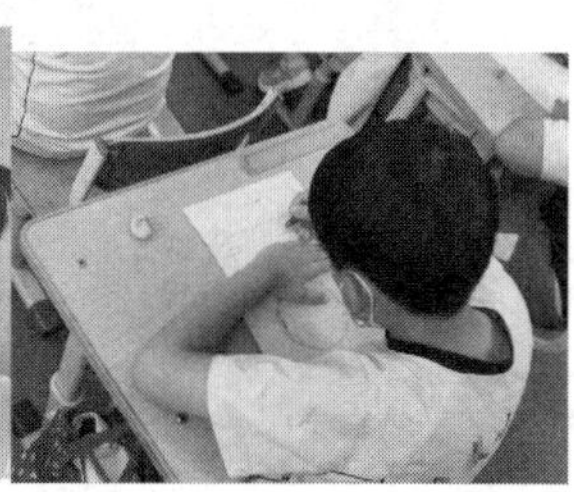

方案 19

听觉注意力训练——倾听·听清

汪小丽

活动背景

（1）活动依据。《中国学生发展核心素养》提出了“学会学习、健康生活”的核心素养。学生只有身心健康发展才能更好地学习，拥有健康的生活。注意是心理活动对一定对象的指向和集中。注意力的集中程度是学习的重要前提，同时注意力还间接影响着学生的心理状态。因此，提高注意力对于学生顺利完成学习任务、发展智力、健全人格具有重要的意义。

（2）项目建设理念。崇文科技馆科乐聚思注意力训练项目创建于 2018 年，是北京市校外教育“三个一”优质创新项目，东城区校外教育百优工程优质项目。项目创建以来一直在努力丰富校外活动供给内容，切实满足中小学生个性化学习需要，构建注意力训练课程体系，彰显项目特色。

（3）“听觉注意力训练——倾听·听清”是融合课程（初级）的第九次活动内容，处于听觉注意力训练的起始阶段。本次活动与学生之前已有能力结合，活动既为之后的训练奠定基础，且注重训练前后有联系、有衔接、有递进。

（4）学生情况分析。注意力训练小组共有学生 12 人。其中二年级 8 人，三年级 4 人。学生在此之前参与过视觉注意力训练，了解注意力训练的基本环节，掌握了一定的训练方法，对注意力训练有好奇心，有兴趣参与活动。

活动目标

知识与技能：

① 明理——学生感受听与学习、生活之间的联系。

② 导行——掌握倾听的方法，养成良好的倾听习惯。

③ 实践——学生进行听动、听说、听画融合训练，增强听动协调能力、听觉辨别能力，提升听觉注意力水平。

过程与方法：

① 以游戏活动为载体，学生在体验互动中探究倾听方法。

② 在小组合作中开展定向训练、自主训练，提升听觉注意力水平，增强团队合作的能力。

情感态度价值观：

① 在活动中，学生舒缓压力释放情绪，感受集中注意力带来的愉悦感。

② 感受同伴互助的重要性，体会相互鼓励支持带来的团队精神。

活动时间和地点

活动时间：120 分钟。

活动地点：崇文科技馆。

活动对象和规模

注意力训练初级班学生 12 人，其中三年级 4 人，二年级 8 人。

活动重点和难点

① 活动重点：学生进行听觉分辨能力、听动协调能力训练。

② 活动难点：学生自主探究倾听的方法，养成良好倾听习惯。

活动准备

（1）学生准备。填写听觉注意力调查问卷。

（2）教师准备。

① 制作 PPT、动画视频、活动任务单、评价表等；

② 准备注意力训练游戏相关的教具。

活动过程及设计思路

环节	教师活动	学生活动	设计意图
共情——我参与	导入本次活动主题 ① 情境导入：播放动画课件《小明的烦恼》说明听觉注意力不足给学习生活带来的问题。 ② 引导学生共情：你有类似的烦恼吗？ ③ 教师说明：本次活动我们一起探究“听”的方法，共同参与听动协调、听觉分辨的训练游戏，提升听觉注意力	说明自己在学习生活中因听带来的烦恼，产生共情； 产生参与活动的兴趣	基于学生的需要创设情境，使学生产生共情，激发学生参与兴趣
学习倾听——我探究（听说融合训练，突破活动难点）	（1）汉字悟法 ① 出示汉字“聽”； ② 引导学生结合字义进行理解； ③ 蕴含着智慧的汉字“听”告诉我们怎样去听他人讲话呢？ ④ 从汉字中探究第一种听的方法	① 认真观看繁体字，思考字的每一部分的含义。 ② 耳：用耳朵去听。王：说者为王。十：头要正，态度要端正。四：代表眼睛。一、心：一心一意。 ③ 小组讨论：听话时要一心一意，看着对方，不乱动。 ④ 小组互动探究听的第一种方法。听要专心：头正、身直、眼睛看	说文解字直观明了，帮助学生探究方法，符合学生认知规律。 育人点：品汉字智慧，用中华传统文化浸润学生心灵
	（2）听说融合训练——辨音游戏 ① 语言游戏——“雨滴与花朵”教师朗读短文，学生做出相应动作。 ② 请学生分享成功或失败的经验。 ③ 引导学生在经验分享中探究第二种听的方法	① 一起完成游戏 听到“雨滴”时，男生起立，听到“花朵”时，女生起立。 ② 经验分享。 ③ 探究听的第二种方法。听要耐心：听完整，不打断	开放的互动游戏带来更强烈的活动体验，感同身受更有助于学生自主探究听的方法
	（3）请学生总结两种倾听方法	① 听要专心 ② 听要耐心	

续表

环节	教师活动	学生活动	设计意图
努力听清——我实践（活动重点）	（1）听动融合训练——律动碰碰杯《你笑起来真好看》 ① 教师第一次示范。 ② 鼓励学生进行自主探究，发现手掌与杯子的敲击规律。 ③ 教师第二次示范。 ④ 观察学生在小组中的表现，进行过程性评价； ⑤ 汇报表演要求：选择小组喜欢的方式进行表演，体现创意；音乐与动作配合准确，小组节奏整齐。 ⑥ 小组汇报表演：分享感受；评选最具创意、最佳合作小组。 ⑦ 集体围成一个大圈，配合音乐节拍传递杯子	① 观察教师动作，运用所掌握的听的方法认真倾听敲击节奏。 ② 小组合作发现手、杯的敲击规律（合掌拍，左手拍桌，右手拍桌，合掌拍，拿杯放杯）。 组长带领组员练习敲击规律。 ③ 认真倾听、观察动作与音乐有怎样的配合规律。 ④ 小组练习：把敲击规律与音乐配合起来。 ⑤小组自主选择表演方式。 ⑥ 进行汇报表演：观众与表演者分别分享自己的感受；参与评选。 ⑦ 集体互动，释放情绪，放松身心。感受成功的喜悦	“律动”是人体感知系统和运动系统的级联效应，学生参与音乐律动可以更好地强化听觉通道感知信息的能力，在听动协调训练中提升听觉注意力品质
	听画融合训练——听清了画下来 ① 引导学生认识表格方位，依据范例说明游戏规则。 ② 说明指令，集体练习。 ③ 出示范例，学生对照范例进行分享	① 认识方位，了解游戏规则。 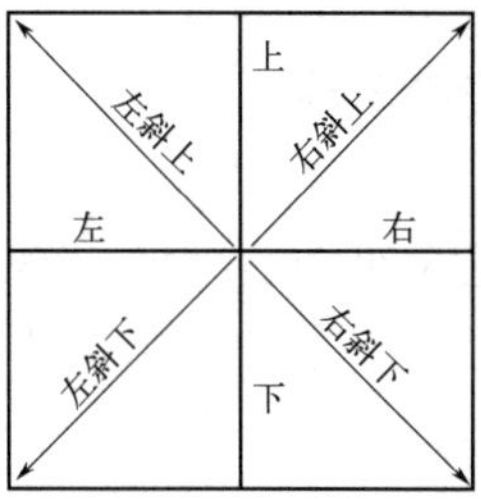 ② 听清教师的指令在空白的表格内，沿着方格进行标画。 ③ 结合自己的作品，分享成功经验及问题。	

续表

环节	教师活动	学生活动	设计意图
努力听清——我实践（活动重点）	④ 小组合作练习其他内容	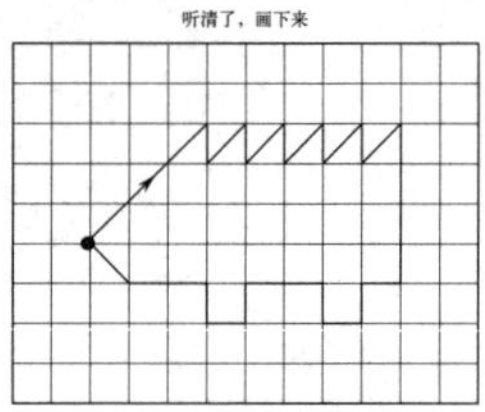 ④ 分组完成其他训练内容，分享训练感受	听画融合训练有助于调动学生的运动觉和大脑的颞叶部分，强化训练学生的听动统合能力和注意力的广度
带动训练——我能行	（1）本次活动收获分享。 （2）提出训练拓展建议 ①进入互动群，在家中坚持训练。 ② 成为一名小注意力训练师，向自己的朋友介绍倾听方法及训练听觉注意力的游戏	（1）结合自身情况说明自己的收获（倾听方法，参与的训练游戏、最喜欢的游戏等）。 （2）把自己学到的方法向其他同学推广，带动更多的同学参与训练	

活动效果测评

（1）过程性检测。

学生：

① 每次游戏结束后及时填写收获单；

② 对自己的小组成员进行评价，填写收获单。

教师：

① 观察学生在小组合作、游戏中的活动状态；

② 结合观察情况在评价量表中对每位学生进行过程性评价打分。

（2）终结性检测。

学生：完成收获单的填写。

教师：

① 记录学生完成训练活动的正确率、错误率。

② 依据训练完成情况填写评价反馈量表，对每个学生进行精细化评价。

附件

听觉注意力训练——倾听 · 听清活动收获单

<table>
<tr><th>姓名</th><th colspan="2"></th><th>活动时间</th><th></th></tr>
<tr><td rowspan="3">听说融合训练</td><td colspan="4">我会写繁体字“聽”——（　　）</td></tr>
<tr><td colspan="4">我是“雨滴”（　　），我是“花朵”（　　）
我听清了口令，做对了动作（　　）</td></tr>
<tr><td colspan="4">我记住了听的好办法
① 听要专心——头正、身直、眼睛看（　　）
② 听要耐心——听完整，不打断（　　）</td></tr>
<tr><td rowspan="2">听画融合训练</td><td colspan="4">我画的是（　　）
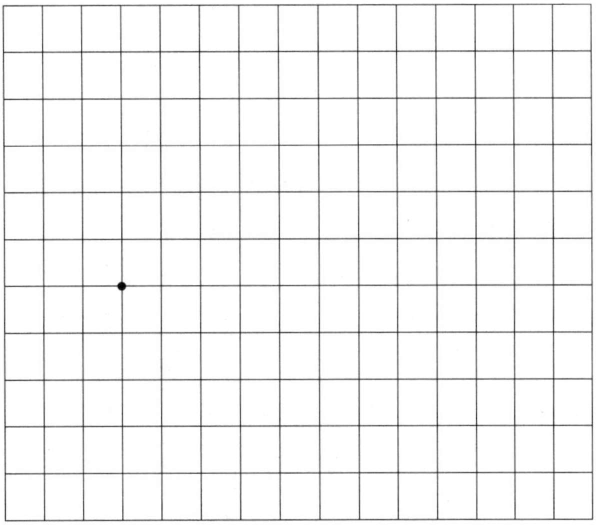</td></tr>
<tr><td colspan="4">我的小组完成了（　　）次任务，我完成了（　　）次任务，做对了（　　）次。
我在小组中帮助了（　　），感谢（　　）帮助了我。
我为小组评价☆☆☆☆☆</td></tr>
<tr><td>我为自己评价</td><td>☆☆☆☆☆</td><td>我的心情</td><td colspan="2">☺ 😐 ☹</td></tr>
<tr><td>我的收获</td><td colspan="4"></td></tr>
</table>

活动反思

“听觉注意力训练——倾听·听清”活动名称很好地诠释了活动设计的思路，即：引导学生主动探究倾听方法、养成良好倾听习惯；引导学生自主参与训练，提升能力，听得更清。“倾听”是活动的难点，“听清”是活动重点。本次活动达成了预期目标，从以下几个方面进行自评。

活动亮点

（1）立足学生需要，以学定教。教师在活动开始之前对学生的听觉注意力水平进行了精细化分析，基于学生实际能力设定活动目标，活动符合学生认知需要，目标清晰可以检测；同时依据学生听觉注意力能力划分同质训练小组，符合学生自我认同感需要；活动前教师调研了学生在学习生活中因听觉注意力不足产生的问题，基于问题情境设计的训练内容符合学生解决实际问题的需要；活动立足学生需要，充分保证了活动设计从学生中来，以学定教、顺学而导。

（2）立足多元智能培养，以融合促提升。本次活动努力体现“1+3 注意力训练融合课程”的设计理念。融合课程基于多元智能理论，提倡注意力训练与创意美术、音乐律动、语言表达这三门学科相互融合、补充和促进。本次活动中听说训练就是将语言表达与注意力训练进行融合，挖掘语言表达中促进学生听辨能力提升的内容，将其转换为注意力训练游戏，提升听觉分辨能力的同时帮助学生探究倾听的方法，一举两得。融合让训练内容更加丰富，增强注意力水平的同时又助力学生其他智能的发展，以融合促提升，学生参与一次训练而有多重收获。

（3）立足动机生成，以教促学。本次活动采用集中训练 + 定向训练 + 自主训练的综合模式，集中训练是教师教的过程，帮助学生了解训练方法；定向训练是学生在小组中进行互动训练，教师只是从旁辅助点拨，这是教师在活动中的扶；自主训练中教师充分放手，学生可以结合自己的需要自主活动。活动中教→扶→放的过程体现了教师的“教”转向学生的“学”，优化训练模式，优创训练方法，促进了学生内在动机生成，变“要我练”为“我要练”，使积极参与训练成为良性循环。

活动不足及改进措施

活动不足	学生原因	老师原因	改进措施
小组合作中，个别小组比较拖拉，用时较多，影响了其他组按时完成活动	学生时间管理能力欠缺	小组合作之前未能对学生进行时间管理指导	以后的教学重视小组合作指导，特别是注意引导学生学会合理安排时间
学生对于自己出错的次数更为关注，容易进行横向比较。取得胜利的学生非常兴奋，可是学生间的差异让成绩不够理想的学生情绪有些低落	小学生的好胜心理	在活动中未能更好地引导学生将关注度放在自己的进步上，对于优异学生的关注度超越了成绩不理想的学生，这样容易造成学生心理的失落	引导学生在活动中关注自己的实际获得，关注自己内心的体验

方案 20
玩转注意力——与曼陀罗绘画的美好相遇

朱庆真

活动背景

（1）活动依据。以践行社会主义核心价值观为导向，围绕立德树人的根本任务，坚持活动育人、实践育人、兴趣育人。

作为市级优质项目的北京市“三个一”项目，科乐聚思注意力训练分为三大部分；注意力训练、艺术治疗、亲子教育，打造青少年身心健康教育。本课程为艺术疗愈中的一次活动，鼓励学生用非语言方式自由表达，宣泄负面情绪，释放积压能量；让学生通过绘画、游戏、交流分享，学会合理地表达自己的情绪。

（2）学情分析。低年级学生 5 名，高年级学生 7 名。学生有一定美术基础、普遍思维比较活跃、积极性高、充满想象力、勇于探究，能够根据老师的引导发现问题、思考问题、设想方案。学生对注意力训练课程有好奇心。有些学生有焦虑情绪。

基于以上分析，本活动采取的活动步骤为：讲一讲、学一学、练一练，通过老师的讲解和案例引导，启发学生在了解曼陀罗绘画特点的基础上，动手绘制属于自己的曼陀罗，并在此过程中缓解情绪，体会绘画疗愈的愉悦感。

活动目标

知识与技能：

① 认识曼陀罗绘画，激发活动兴趣。

② 了解曼陀罗绘画与提升注意力之间的关系。
③ 学会曼陀罗绘画。
过程与方法：
① 通过图片欣赏认识曼陀罗绘画。
② 讨论、分享中探究曼陀罗绘画方法。
情感态度价值观：
学生在活动中体会参与游戏的乐趣。

活动时间和地点

活动时间：120 分钟。
活动地点：崇文科技馆 DI 活动室。

活动对象和规模

兴趣小组学生 12 人。

活动重点和难点

活动重点：进行曼陀罗绘画学习。
活动难点：感受绘画中注意力集中程度获得提升的愉悦感。

活动准备

学生准备：放松，以愉悦的心情参与活动。
教师准备：
① 曼陀罗绘画图片、活动任务单等。
② 准备与训练相关的用具。
相关知识：曼陀罗绘图规律。
① 图形从中心向外发射。
② 图形呈现轴对称。
③ 图形有多种样式，可以是几何形，可以是花朵形，可以是自己创

作的图形，总之喜欢就好。

④ 图案可以是彩色的也可以是黑白的。

曼陀罗绘画步骤：

① 将画纸裁成圆形。用圆规画出若干个宽窄不同的圆。

② 本次活动曼陀罗的图案以单花瓣为主图案，所以用射线将圆分成若干部分。

③ 以圆心为中心点，在各个直线中画出流动的图形，组合在一起像朵绽开的菊花，花瓣的背景可以涂成黑色。第二圈画小一点的花瓣，这一圈的花瓣略小略尖。

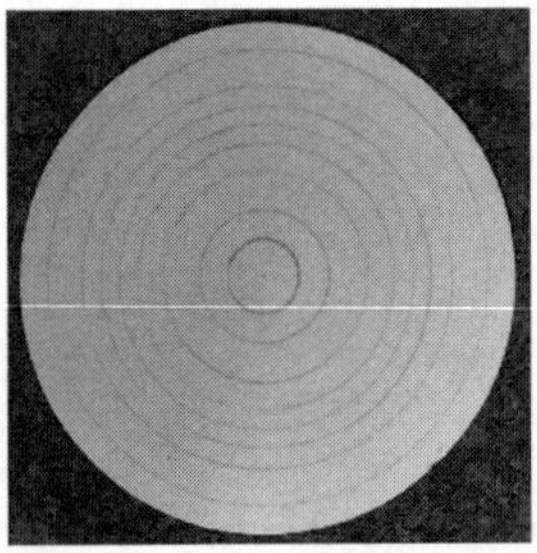
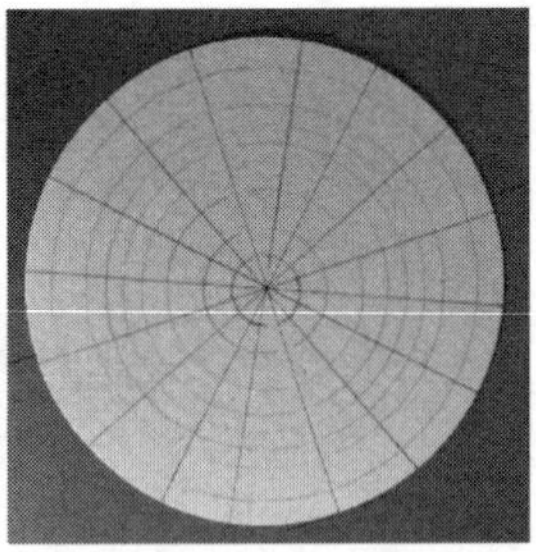
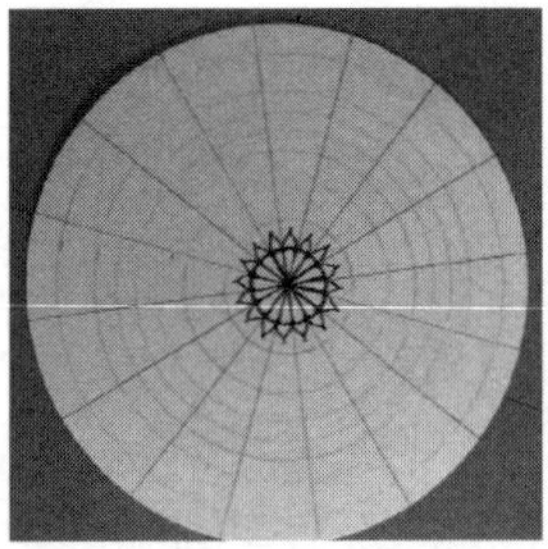

④ 用光环的缠绕画法再画上一层后将背景涂黑。这样，中心的图样向外伸展的立体感就凸显出来了。外围继续花瓣的画法，逐层加大花瓣的边缘。

⑤ 依然用光环的画法向外圈延伸。可以在外圈加入水滴型花瓣进行点缀。

⑥ 至此画完四层花瓣的画面已经接近画纸的边缘。希望画面更有整体性，有疏密的设计感。于是，依然需用水滴形状进行有序排列，围成一个大大的圆，将里面的画面团团包住。

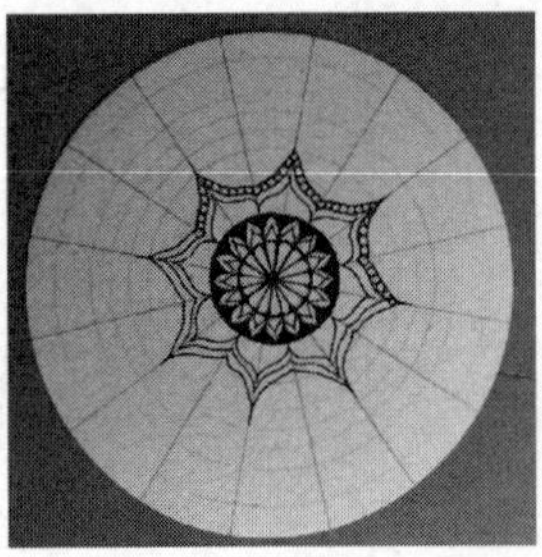

活动过程及设计思路

<table>
<tr><th colspan="2">活动环节</th><th>教师活动</th><th>学生活动</th><th>设计意图</th></tr>
<tr><td colspan="2">组织教学</td><td>（1）检查学生考勤、精神面貌。
（2）检查学生课前准备用品。
（3）安全提醒</td><td>坐好，静候上课</td><td>督促学生做好课前准备。
安全教育</td></tr>
<tr><td colspan="2">导入</td><td>出示花的图片，提问：
（1）什么花？
（2）有哪些特点？
引出曼陀罗绘画的主题</td><td>看图，回答问题</td><td>以曼陀罗图片导入，激发学生的兴趣，找出花的特点</td></tr>
<tr><td rowspan="3">授课</td><td>讲一讲</td><td>内容一：认识了解曼陀罗绘画
（1）何谓曼陀罗绘画。
（2）了解曼陀罗绘画的起源。
内容二：为什么学习曼陀罗绘画。
（1）加强注意力功能。
（2）疗愈功能</td><td>认识了解曼陀罗绘画及学习的意义。
思考：你认为学习曼陀罗绘画会对注意力产生怎样的影响</td><td>展示图片，使学生更直观地了解曼陀罗绘画。
通过引导学生主动思考，激发学生兴趣，明确学习曼陀罗绘画的意义</td></tr>
<tr><td>学一学</td><td>内容三：曼陀罗绘画的方法
（1）观察图片发现规律。
提问：
① 你发现曼陀罗绘画具有怎样的特点？
② 画曼陀罗时具有怎样的规律？
（2）学习绘画步骤及方法</td><td>认真听讲，观看图片，回答问题，总结规律。
依据老师的示范进行学习，理解每个步骤的要领。
运用线条、形状、重复、对称、涂色的方法进行绘画。
请学生拓展“光环”“花瓣”的表达方法。
思考：
你认为疏密的表达有哪些需要注意的地方</td><td>（1）培养学生学会学习，获取有效信息的能力；引导学生观察思考的能力。
（2）通过学习绘画步骤及方法，培养学生乐学善学的基本素养，提高理解、分析、思考的能力。
（3）重复、对称的设计是学生易表达的形式。
（4）培养启发学生的想象能力。
（5）帮助学生养成勤于思考、举一反三的习惯</td></tr>
<tr><td>练一练</td><td>内容四：曼陀罗绘画的练习
（1）感受曼陀罗。
闭上眼睛，想象你要绘制怎样的曼陀罗。请在心里默默地回答老师：你觉得它像什么？它给你带来了怎样的感觉或心情？</td><td>按照老师提示进行绘画练习。
</td><td>实际创作中，并不要求学生必须使用圆规等工具，依学生自身的特点而定。</td></tr>
</table>

续表

活动过程		教师活动	学生活动	设计意图
授课	练一练	（2）开始绘画。 现在，请同学们睁开眼睛。拿出画笔，把它们全都铺在桌子上，挑选你觉得舒服的颜色为你的曼陀罗涂色。涂色的时候，不用考虑美感，只跟随自己的心来涂。随着绘画的深入，你的脑海中可能会浮现出一些感觉、一些记忆的片段抑或是一些故事，这时，你只需关注一下就好。 （3）完成阶段。 ① 观想曼陀罗。请你尝试着从不同角度来欣赏自己的作品，把刚才绘画曼陀罗时的感受、联想或涌入脑海的记忆或故事写在纸的反面。 ② 命名曼陀罗。请为你的曼陀罗起一个名字，写在纸的右下角，并写上今天的日期。 ③ 分享曼陀罗。如果愿意的话，同学们可以和他人交流分享一下你画曼陀罗时的感受或故事。 引导学生展示作品并对作品进行评价	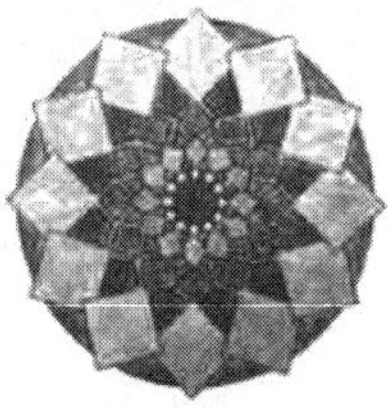 带着愉悦的心情，体悟美。 根据创作感受命名，分享故事。 学生互相观摩，互相学习	※ 此处是本课的难点表现： （1）通过冥想感受、体会愉悦。 （2）通过动手实践表现美。 （3）通过命名培养学生归纳、总结及表达能力。 （4）通过交流，培养学生倾听的习惯，分享心情故事
总结		曼陀罗绘画疗法的自愈功能需要长期坚持绘画，它不是一个特效药，一次两次是不会有治疗效果的，需要坚持绘画，坚持感受	回顾训练内容，说说自己的收获	培养学生总结概括能力，锻炼学生语言表达能力
材料整理		组织学生有序地整理桌面、地面、摆放椅子	按要求完成	养成良好活动习惯

活动效果测评

本活动从过程性检测和终结性检测两个维度检测活动效果。结合学生自评、学生互评、老师评价，综合进行考量。

① 过程性测评：观察学生在活动中的参与度以及讨论的热烈程度。

② 终结性测评：学生通过展示观摩，分享自己的作品故事。

学习效果评价表

序号	内容	好	较好	再努力
1	兴趣浓厚，求知欲强，全程主动积极			
2	构思巧妙，完成度高			
3	描绘细心、耐心，态度认真			
4	色彩表现力突出			
5	名称有内涵、有趣			
6	故事表达感染力强			
7	专注力强，愉悦感体验充足			

活动反思

曼陀罗（Mandala），源自梵文，本指圆形之物。曼陀罗绘画是绘画心理疗愈的一种方法，也是艺术性表达心理治疗的一种重要形式。

本活动结合学生的特点，从认识曼陀罗绘画开始，了解其渊源和美学特点，并让学生参与绘画实践，自由表达，宣泄负面情绪，释放积压能量，再用语言进行交流分享，学会合理地表达自己的情绪。

本次活动的目标、重难点是课前依据学生的基本情况分析后确立的，可测评。活动从学生的实际情况出发，立足于学生的实际需要，为学生的发展服务。

在教学过程中，体现教师为主导、学生为主体的特点，活动中有静有动，井然有序，达到预期效果。

活动亮点

（1）艺术与心理的结合。学生们面临的压力来自学习生活等方面，如何合理地表达自己的情绪、释放压力，是学生们急需解决的问题。

以绘画的形式进行心情的表达，可以取得心理疗愈的效果；通过解读一幅曼陀罗绘画的象征意义与背后的故事，可以对自我和他人有更多的认识。从而学会接纳真实的自己，化解内心的矛盾，以良好的心情对待生活。

玩转注意力——与曼陀罗绘画的美好相遇是心理学与艺术的结合，是对跨学科融合的一种尝试，也是对未来校外教育活动的探索。

（2）美的滋养。本班学生有一定的美术基础，所以在分析曼陀罗绘画特点的过程中比较顺利，学生在欣赏曼陀罗绘画的造型、色彩之美的基础上，对其心理学象征意义更易于理解。同时在艺术美学范畴，欣赏归纳能力亦得到提升。

学生在柔和轻松的背景音乐中思考自己的内心，专注地画出内心世界最真实的图案和色彩。

曼陀罗绘画在造型结构上的特色是“圆”，在具有母体子宫般保护作用的大圆里画画，会感受到对自我心理的保护。因此，学生身心愉悦，在安全安然的氛围中放松心情，释放压力，感受美的滋养。

（3）非语言与语言方式表达的共存模式。学生反映，通过非语言表达方式——曼陀罗绘画，可以静心，可以释放不良情绪，可以激活内在能量，可以开启潜意识中的创造力。曼陀罗绘画的练习对于提高学生注意力，开启右脑感性思维，缓解学习生活压力有很好的效果。

通过语言表达分享感受，学生说出自己最为真实的心情故事。在说与听的互动之间，学生述情共情能力都得到提升。

活动不足及改进措施

（1）因时间有限学生有意犹未尽的感觉。在今后的教学中，可尝试安排从造型开始到色彩的全面表现，能够更完整地达到疗愈效果。

（2）对于绘画的结果，学生希望获得心理学层面更深入的解读。艺术疗愈的心理学探究是下一步应学习探讨的方向。

方案 21 水果中 Vc 含量的测定

赵爽

活动背景

（1）指导思想。开展多种形式的科普活动和社会实践，增强未成年人对科学技术的兴趣和爱好，可以让未成年人初步认识科学的本质以及科学技术与社会的关系。本活动通过具体的实验和动手操作，引导学生探究知识，有利于学生增强学习兴趣，掌握科学的学习方法，培养创造思维能力，突出了学生在活动中的主体地位。

（2）活动背景。科学活动课是培养学生创新精神、实践能力以及动手技能的活动，是对学校课程学习的补充和完善，能够收到“磨刀不误砍柴工”的效果，同时又是实施素质教育的载体之一。目前我国小学生对化学知识有一些初步的了解，在学校或者其他场合见过一些实验而且对于实验特别感兴趣。基于小学生没有系统学习过化学、接触的实验仪器也比较少这个前提，笔者设计了厨房系列活动，组织学生自主地、充分地开展活动，让学生在做中学，在学中做，培养他们对科学的兴趣，让学生体会实验探究方法；对学生进行科学素养的启蒙教育，以期学生能通过一些简单的、有趣的、生活中的实验获取一定的科学知识和科学技能。

（3）学情分析。学生在生活中经常吃水果、蔬菜，但是究竟谁的维生素 C（Vc）的含量高呢？本次活动通过探究式教学，引导学生探究常见水果、蔬菜中维生素 C 的含量。探究式教学活动的核心要素是确定证据收集的方向，如何在不止一个的合理解释面前做出判断。学生已经经历过了几次探究活动，已经初步掌握探究活动的相关内容，本次活动中，学生通过观察实验现象，小组之间进行比较，进而得出结论。探究实验的目的是使学生在活动中逐步形成一定的创新能力，培养学生团队合作意识。通过活动，学生可以感悟到科学来自于生活，也服务于生活，科学地利用科学知识可以使我们的生活更美好。

活动目标

知识与技能：学生能知道常见水果、蔬菜中含有 Vc，并且了解几种常见物质中谁的 Vc 含量高。

过程与方法：动手操作，初步尝试定量实验。

情感态度价值观：通过活动，提高学生实验探究意识以及对科学的探索精神。

活动时间和地点

活动时间：90 分钟。

活动地点：崇文科技馆。

活动对象和规模

小学五年级学生，共 15 人。

活动内容和形式

（1）提取维生素 C（实验、讨论）。

（2）探究维生素 C 的含量（实验、讨论）。

活动重点和难点

活动重点：提取水果中的 Vc。

活动难点：初步了解水果中 Vc 含量的测定原理。

活动准备

（1）策划活动内容，制订活动方案。

（2）从网上查阅相关资料，认真研读小学以及中学的科学教材。

（3）与学校教师交流，了解目前小学生特点与知识水平，引导学生有目的活动。

（4）报批活动经费预算，准备活动用品，布置活动场地。

（5）准备实验材料：西蓝花、苹果、橘子、彩椒、高锰酸钾溶液等

（6）准备实验仪器与工具：塑料杯、量筒、滴管、研钵、剪刀等。

活动过程及设计思路

活动环节	教师活动	学生活动	活动设计意图
创设情境，引出主题	展示：多种水果、蔬菜的图片	说一说：它们都有哪些共同的特征	从学生的感性入手，增加学生兴趣，引出本次活动主题
提取维生素C	① 提问：谁含有较多的维生素C呢？（并说出探究活动的六个过程：提出问题、作出假设、制订计划、实施计划、得出结论、反思交流） ② 追问：那么如何提取维生素C呢？	① 猜一猜：各小组做出本组的假设； ② 议一议：根据讨论制订计划； 做一做：根据计划提取10克各种水果中的维生素C（称量10克、研碎、加50克水溶解、搅拌）	培养团队合作意识
探究维生素C的含量	展示资料：高锰酸钾溶液可以消耗维生素C； 组织学生交流、反思实验结果	① 议一议：如何利用高锰酸钾溶液测维生素C的含量？ ② 做一做：按计划实验（加入1mL淀粉、逐滴滴加碘酒，边加边搅拌，恰好变色，停止实验）。 ③ 析一析：根据实验数据分析维生素含量，验证本组所做的假设是否正确。 ④ 与同学交流本次活动的探究过程、结果、结论	① 培养学生实验探究能力； ② 通过分组讨论交流、提升表达交流能力
活动小结	① 组织学生整理桌面 ② 组织学生谈谈收获	① 整理桌面； ② 谈谈本次活动的收获	① 培养学生劳动意识，自己的事情自己做； ② 通过活动，初步了解探究实验的基本步骤

活动效果测评

活动过程中：观察学生实验完成情况和团队合作情况。

活动后：通过现场交流，了解学生的收获和成长。

活动反思

科迪探索俱乐部的理念是：在生活中探索，在探索中成长，用科学的方法启迪智慧人生。本次活动是科迪探索俱乐部系列科普活动中的一次活动。本次活动的目标是：学生能知道常见水果、蔬菜中含有 Vc，初步尝试定量实验并了解几种常见物质中谁的 Vc 含量高。

活动亮点

将实验探究与活动相结合，符合学生的认知水平，同时也能很好地激发学生的求知欲望。学生在小组活动的过程中，观察实验现象，通过小组之间的比较，得出结论。探究实验的目的是使学生在活动中逐步形成一定的创新能力，培养团队合作意识。激发学生的实验热情和对科学知识的兴趣，促进学生对科学实验的热爱，引导学生学会透过现象看本质，为将来深层次的学习打下了良好的基础。通过活动，学生可以感悟到科学来自于生活，也服务于生活，科学地利用科学知识可以使我们的生活更美好。

活动不足及改进措施

部分学生实验操作不熟练，所以实验时间比较长，实验分析较紧张。今后应关注活动细节方面的设计。

方案22
化石小猎人——让学生亲手采集属于自己的“大自然艺术品”

李成兰

活动背景

（1）指导思想。全面贯彻党的教育方针，以学生发展为中心，贯彻《北京市中长期教育改革和发展规划纲要》中“开展形式多样的科技教育、实践活动，着力提升学生的创新精神和实践能力”的文件精神，落实《中国学生发展核心素养》中对于学生核心素养文化基础、自主发展的要求，适应广大中小学生对于新时代科普活动的需求，全面提升崇文科技馆科迪探索俱乐部科普活动的现代化水平。

同时响应校外教育以加强思想道德教育为核心，以培养实践能力为重点；积极探索参与式、体验式、互动式的活动方式；让学生在亲身体验和直接参与中增长知识。有效地培养学生的观察能力、实践能力和思维能力。

（2）活动依据。科迪探索俱乐部（以下简称俱乐部）是崇文科技馆专为热爱科学的青少年成立的以探索为主要活动形式的学生科技社团。成立伊始，俱乐部将发展核心理念定为“在生活中探索，在探索中成长，用科学的方法启迪智慧人生”。俱乐部用严谨的科学方法对学生生活中的“衣食住行学”五个方面进行探索，让学生在活动中发现身边的科学知识以及科学现象，以此培养学生的科学精神和学会学习、热爱生活等核心素养。

石头对于广大青少年来说并不陌生。从小到大，每个学生都接触过各种各样的石头，但是对于化石，更多的学生只能在博物馆中看到。对于亲手采集一块化石标本，很多学生都十分有兴趣。此次活动是针对那些对石头有兴趣的学生的一次地质科学探索活动。通过中国地质大学专家的讲解，学生能够了解化石的形成原因以及地质考察中化石采集的方法。

（3）学情分析。本次活动共有 60 名学生，30 名为俱乐部学员，另外 30 名为网络招募学员。其中，37 名男生，23 名女生。俱乐部原有学生已经参加过多次实践活动，具有了一定的实践探索能力，而新招募的学生是第一次接触这样的活动。为了学生在活动过程中都能有所收获，活动中，根据学生的男女比例以及有无经验进行了分组。

活动目标

知识与技能：了解化石形成的原因及分类。

过程与方法：学生通过主动探究，亲身体验实践，开拓视野，学会正确使用工具挖掘化石并辨别化石的种类。

情感态度价值观：提高学生对社会生活的积极态度和参与综合实践活动的兴趣。学生获得亲身参与综合实践活动的积极体验和丰富的经验，塑造完善的人格，初步养成合作、分享、积极进取的良好个性品质。

活动时间和地点

活动时间：180 分钟。

活动地点：门头沟灰峪化石基地。

活动对象和规模

三至五年级学生，共 60 人。

活动内容和形式

（1）参观北京市门头沟化石基地所在区域地貌及环境。

（2）邀请中国地质大学教师做有关北京周边的地质构造讲座。

（3）分组进行化石的采集。

（4）汇总学员采集到的化石样本，老师讲解后续对样本的修护和处理。

活动重点和难点

活动重点：掌握挖掘植物化石的技巧；挖掘三种植物化石。

活动难点：掌握挖掘植物化石的技巧。

活动准备

（1）策划活动内容，制订活动方案。

（2）考察活动项目、场地、交通路线。

（3）设计学习单。

（4）进行网络招募学员，与家长交流，了解学生特点与知识水平。

（5）报批活动经费预算，准备活动紧急备用药物，落实活动当天车辆。

（6）制订安全预案，召开工作人员会，落实岗位分工与职责，提前通知学生家长集合及接送时间。

（7）知识准备。灰峪的化石层主要以深灰、灰黑色的砂岩、页岩、黏土岩为主；在灰峪出露的石炭系和二叠系的砂页岩中，保存了大量距今 2 ～ 3 亿年的陆生植物化石，如脉羊齿、楔羊齿、科达树和鳞木等。

活动过程及设计思路

活动环节	教师活动	学生活动	活动设计意图
活动引入	介绍活动流程、活动注意事项，解答学员提出的问题	① 明确活动的主题、内容和任务； ② 根据男女比例以及有无经验分为四组	① 介绍活动流程，强调活动要求； ② 学员以团队形式参与活动，培养合作精神
室内小讲座	专业老师介绍灰峪化石基地的特性，讲解化石相关知识，介绍化石的概念、如何辨别真假化石以及什么是活化石等基础知识，并教授采化石的方法和技巧	① 倾听； ②记录并与专家进行互动； ③ 记录活动过程中的注意事项	了解化石的形成及存在岩石的石性。将讲座与参观体验结合，对科普活动模式进行探索； 了解化石的分类； 了解挖掘化石的方法和技巧

续表

活动环节	教师活动	学生活动	活动设计意图
走进采集区	① 分发挖掘工具，包括岩石锤（它的一端是方形结，另一端是一个凿子或镐）、手套、护目镜、样品袋。着重介绍岩石锤（镐）的使用方式； ② 实际演示采集化石的方法并指出在此过程可能存在的安全隐患，鼓励学生参与、引导学生体验； ③ 巡视、指导	① 领取一套挖掘化石的专用工具以及安全防护用具； ② 进入采集区，根据专家指导意见进行化石的挖掘。练习镐的使用	① 与化石零距离亲密接触。利用专业工具亲自动手挖掘化石，掌握化石采集的基本方法，体验科学考察的过程。 ② 学生有效地学习地质学和化石的知识，拓展自然科学的知识面。 ③ 磨炼学生的意志，鼓励学生亲自体验，培养学生的科学思维
展示大汇总	① 发放学习任务单； ② 指导学生对所挖到化石的后续处理； ③ 引导学生辨认自己所挖化石的种类	① 根据自己的亲身体验，填写学习任务单； ② 展示自己所挖掘到的化石样品； ③ 分享自己组内挖掘到的化石种类并描述其完整性	① 利用学生的好奇心，及时巩固对新知识的掌握； ② 由专家实时讲解化石后续的处理方式，让学生了解科学的严谨性
活动结束：师生小结	简要总结	① 倾听； ② 谈谈本次活动的收获	野外采集化石活动是对学生的知识和身体的双重考验。在学生克服困难，收获喜悦的同时，激发他们对地球科学的兴趣
活动延伸：传播知识	布置作业：回家之后做好化石的修复和保存	搜集有关化石的视频和刊物，寻找符合自己化石样品的保存方式	引导学生在生活中学习、在实践中学习、在应用中学习，并主动参与社会、生活。做到在生活中探索，在探索中成长！乐学善学，勤于反思

活动效果测评

过程检测：活动过程中，观察学生完成学习单的积极性和团队合作情况。

后期检测：

① 通过现场采访，了解学生的收获和成长。

② 对学生家长进行电话采访，请家长谈谈学生本次活动回家后的变化和成长。

活动反思

科迪探索俱乐部，有着“在生活中探索，在探索中成长，用科学的方法启迪智慧人生”的核心理念；有着以“衣、食、住、行、学”引导的主线，进行活动的设计与开展，而这次对化石的探索就是我们“学”的一部分。

化石对于学生而言是一个陌生而又有吸引力的新鲜事物，通过这次活动学生对化石已有简单了解。中国地质大学的专家们利用大量图片将有关化石的基本知识呈现给学生，让他们了解化石形成过程、化石存在的地质特征。通过这次活动学生可以亲自参与体验，了解到考古工作者野外艰苦朴素的高贵品质。

活动开展前期，教师提前给学生做了问卷调查，初步调研了学生的需求以及目前他们的知识水平（关于化石方面的）。根据调研结果中所体现的学生对项目的兴趣，教师考察联系了灰峪化石基地和地质大学的专业人员，之后策划了本次活动。

（1）本次活动整合亲身体验与知识讲解活动，充分调动学生参与的积极性；在老师的引导下，挖掘表面现象背后的科学道理和科研精神，学生对化石文化有了更深层次的了解。

（2）活动设计合理，符合小学生的认知规律；从地形地貌的观察到挖掘工具的使用，再到后期标本的处理，在用科学方法探索、揭秘化石的同时，达到情感育人的目的。

（3）以小组为单位，提升了学生的团队合作意识。

活动亮点

（1）通过这次活动，参与学生体验到了标准的科学考察的方法，从地形地貌的观察到挖掘工具的使用，再到后期标本的处理，他们都进行了规范的体验。

（2）学生充分调动全身感官的功能：做到用眼睛看、用耳朵听、用手触摸、用心感悟。这次活动受到家长们的一致好评，活动结束后我们收到了很多家长发来的信息，提到了学生回去后的兴奋状态和对下次活动的期待。

（3）此次活动让学生从课堂回归大自然，对于可以亲手采集一块属于自己的化石标本都十分有兴趣，从招募时的报名情况到活动中学生脸上洋溢的笑容，让人感受到他们的期待与满足。

活动不足及改进措施

（1）突发事件的处理。由于化石的挖掘是野外活动，尽管教师在活动前、活动中一直在强调安全问题，还是无法避免学生在操作过程的磕磕碰碰，其中一个学生在敲击过程中砸到了手指，当时教师及时给她进行了简单处理，贴了创可贴。活动结束后教师也和家长做了详细的沟通，所幸没有什么大的问题，家长也非常理解。通过这个事情的发生，让教师也切身体会到了安全无小事，以后的活动中更要加大对安全的提醒力度。

（2）细节设计更加丰富。我们的活动细节设计方面还可以更加详细丰富，比如：在学生挖掘化石的过程中可以给他们讲一些该生物生存那个时代所发生的故事，或者是历史的演变过程，科技的发展历程等等，让他们在亲身体验动手乐趣的同时可以融入远古时代的幻境中。

方案 23

我是“战地医院”小护士——纪念日科普活动

钟米珈

活动背景

（1）指导思想。中共中央、国务院于 2020 年 3 月发布的《关于全面加强新时代大中小学劳动教育的意见》中强调：把握育人导向。坚持党的领导，围绕培养担当民族复兴大任的时代新人，着力提升学生综合素质，促进学生全面发展、健康成长。把握劳动教育价值取向，引导学生树立正确的劳动观，崇尚劳动、尊重劳动，增强学生对劳动人民的感情。

本系列活动在各类纪念日中，通过开展经常性、社会性、群众性科普活动，及时通过科普讲座、科普班会、科学实验演示、观摩等方式向学生宣传前沿科技知识，打造精品系列科普主题活动，努力提升青少年科学素质。

（2）理论依据。本活动以建构主义理论为依据，强调学习总是与一定的社会文化背景即“情境”相联系的，在实际情境下进行学习，赋予新知识某种意义。

（3）学情分析。崇文小学三年级学生 50 名。从起点水平看，三年级的学生对“纪念日”的历史有浅层的了解，但缺少对这些纪念日所蕴含的内涵的探究；从认知结构看，学生具备一定分组讨论、记录数据及初步的归纳分析能力；从学习态度看，学生好奇心强盛，对历史有浓厚的兴趣；从学习动机看，小学生喜欢具有一定难度的挑战性任务，具有强烈好奇心；从学习风格看，学生喜欢小组合作式的探究学习，特别是这种多学科整合式的教学活动。

活动目标

依据《关于全面加强新时代大中小学劳动教育的意见》中的“明确劳动教育总体目标”，本次活动旨在：结合相关纪念日，让学生体会劳动创造美好生活、劳动不分贵贱，引导学生热爱劳动，尊重普通劳动者，培养学生勤俭、奋斗、创新、奉献的劳动精神。

知识与技能：知道国际护士节的由来。

方法与能力：

① 经历职业体验、答题的过程，初步了解一些护士的工作内容。

② 经历小组探究过程，加强反应能力和团结协作能力。

情感态度价值观：学生能够养成科学探究的意识和习惯，增强学生社会责任感、爱国主义情怀。

活动时间和地点

活动时间：120 分钟。

活动地点：崇文小学。

活动对象和规模

小学三年级学生 50 人。

活动内容和形式

活动内容：本次活动通过“职业体验”的形式，学生在“战地医院”的情景模式中体验护士的工作，学习护士工作的相关知识，切身体会护士的光荣奉献，增强社会责任感和爱国主义情怀。

活动形式：情景体验式。

活动重点和难点

活动重点：每个学生掌握一项护士基本工作内容。

活动难点：学生用心体会护士的“爱心、耐心、细心、责任心”，增强社会责任感和爱国主义情怀。

活动准备

（1）教师进行学情分析，设计活动内容，撰写活动方案、安全预案。

（2）教师联系学校沟通活动形式，联系专业人士。

（3）活动前准备：提前利用班会、公众号的形式内容，让学生了解护士工作内容。

（4）教师准备体验卡、评价表、视频、护士工具使用手册、分组贴纸、抽签纸、护士工作用具（针筒、酒精、棉球、体温计、护士袖标、红军帽、医疗废物桶、医疗废物卡片、体重秤、血压计、区域牌等）。

（5）开展活动：教师进行场地布置（桌椅的摆放、体验卡的发放、角色的衣服工具、区域划分准备等）。

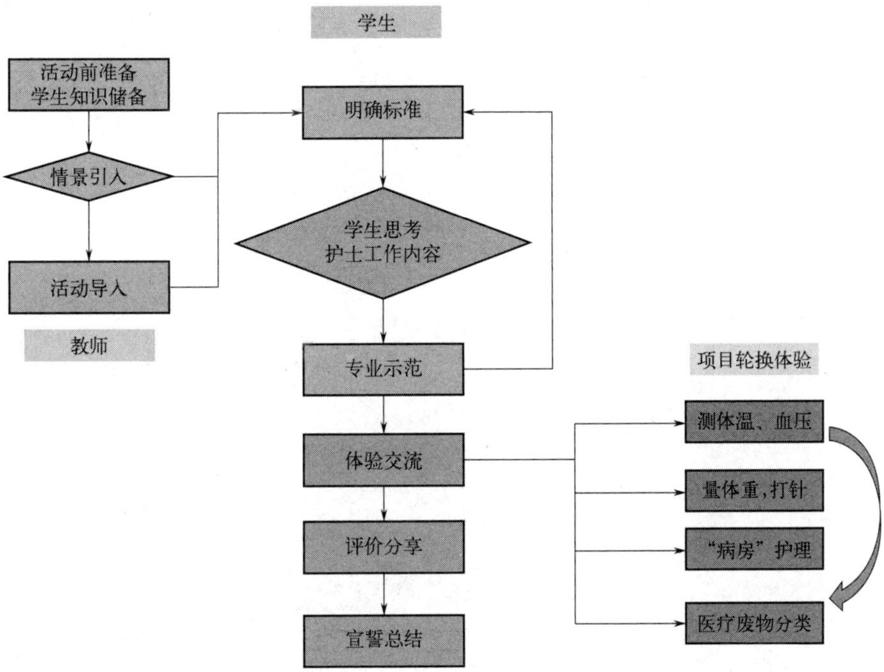

活动过程及设计思路

活动环节	教师活动	学生活动	设计意图
情境引入	① 教师播放建党百年主题视频《少年》，导入活动，并提问互动。 通过提问，引导学生认识战地护士的工作内容和工作意义。 ② 发放体验卡、红军帽、护士袖标并播放国际护士节小视频	① 学生认真观看视频，并回答。 ② 学生戴上红军帽，观看国际护士节小视频，根据已知知识和视频内容填写体验卡	使用建党百年主题视频作为活动导入，创设学习氛围，进入学习情景。 进一步激发学生对战地护士的兴趣，了解本次活动主题内容。 检测学生已知的护士医疗知识水平，和他们对于国际护士节的认知
导入活动	① 教师使用 PPT 讲述国际护士节的由来（南丁格尔的故事）。 ② 老师提问。 ③ 讲解体验卡，梳理答案。 ④ 老师展开此次护士四项工作流程、医疗用具的整理及讲解	① 学生抢答。 ② 回答问题。 ③ 了解护士的基本工作有什么。 ④ 了解本次体验的四项工作都如何开展，思考自己希望先体验“护士”还先体验“患者”，要使用什么工具	巩固国际护士节的知识，活动中要使用的医疗用具的讲解，为活动做技术层面的准备
规则要求	① 教师讲解本次职业体验（四项工作）活动的总流程。 ② 宣布活动规则：组队、分组抽签、发放道具等，集体宣誓。 ③ 教师强调活动安全注意事项	① 学生了解活动规则，明白体验活动流程。 ② 分组后自行讨论 10 分钟，梳理抽签后领到的工作流程，学习护士工具使用手册内容，请专业护士进行答疑更正。 ③ 明确正确工作流程后分组体验	增强学生安全意识。 学生切身体会护士工作的内容，增强社会责任感、爱国主义情怀
活动体验	① 辅助学生组队。 ② 抽签，确定体验顺序。	① 分四大组，针对四项护士工作内容（测体温、血压，量体重、打针，“病房”护理，医疗废物分类）进行逐一体验，学生自由组队。领取本队贴纸。 ② 队长领取职业体验道具。	学用利用职业体验的形式，学习护士职业工作内容。

续表

活动环节	教师活动	学生活动	设计意图
活动体验	③ 角色互换，每一项工作体验 10 分钟后集体轮换，教师吹哨为令。 ④ 评价（教师评价、学生组间、组内互评、专家点评）	③ 每组小护士与病患人数均衡，1 对 1 进行体验，体验期间角色互换，并互相打分评价。 ④ 体验一项工作后，以哨声为令四组按顺时针进行组间轮换体验。 ⑤ 填写测量结果至体验卡内。 ⑥ 整理收拾物品	激励学生继承和发扬护理事业的光荣传统，以爱心、耐心、细心、责任心对待每一位“患者”，做好护理工作。 让学生养成活动后主动收拾物品的好习惯（德育）
活动小结	① 学生活动感受分享。 ② 教师总结：强调每一个医护人员的不容易，我们要对任何岗位的人报以尊重的心。 ③ 集体庄严宣誓——念护士授帽仪式宣誓词	① 每组学生发言，分享体验。 ② 复习护士节知识、医疗用具使用要点。 ③ 请班长带领全班同学宣誓：“我宣誓：以救死扶伤、防病治病，实行社会主义的人道主义，全心全意为人民服务为宗旨，履行护士的天职；我宣誓：以自己的真心、爱心、责任心对待我所护理的每一位病人；我宣誓：我将牢记今天的决心和誓言，接过前辈手中的蜡烛，把毕生精力奉献给护理事业”	学生自我总结本次活动，提出自己的感受，自我思考，教师反思。 总结护士节知识，强调学生们都是祖国的未来，以后生活的美好需要他们尽自己的一份力量。 在学生心中播下护士职业中高尚道德修养、道德信念与品质的种子

活动效果测评

设计的活动检测可以较好地检测活动目标的完成情况。

活动前检测：通过活动体验卡，初步了解学生对医疗知识的掌握程度。

活动中检测：通过学生的参与热情检测活动设计的科学性、趣味性，小组间的协作情况，学生反应能力和团结协作能力的培养情况。

活动后检测：老师评价、小组内自评、组间互评，总结完成情况。

活动评价表 1

评价方式	评价举措	评价效果
初始性评价	用观察记录表，对学生的情况进行摸底	A. 好　B. 良好　C. 一般
过程性评价	学生的参与情况 角色体验的程度 小组的配合度	A. 好　B. 良好　C. 一般
综合活动评价	以小组为单位，记录正确答题数及所用时间 进行小组成绩排序，评选出最佳体验奖	A. 好　B. 良好　C. 一般
总结性评价	通过小组自评、组间互评，评估学生们的学习成果	A. 好　B. 良好　C. 一般

活动评价表 2

体验项目	评价标准（满分10分）	第一组	第二组	第三组	第四组
测体温、测血压	声音洪亮（1 分） 面带微笑（2 分） 态度谦和有礼（3 分） 流程专业正确（4 分）				
量体重、打针					
“病房”护理					
医疗废物分类					

附件

活动体验卡

姓名：	性别：
体温：（　　） 血压：（　　） 操作评分（10 分满分，每个角色满分 5 分） 请患者给护士打分： 请护士给患者打分：	体重：（　　） 打针：（　　） 操作评分（10 分满分，每个角色满分 5 分） 请患者给护士打分： 请护士给患者打分：
医疗垃圾分类： 操作评分（10 分满分，每个角色满分 5 分） 请患者给护士打分： 请护士给患者打分：	病房护理：8 字包扎 操作评分（10 分满分，每个角色满分 5 分） 请患者给护士打分： 请护士给患者打分：

活动反思

本次活动以“建党百年”为契机，设计主题为战地医院小护士的职业体验活动，活动目标明确，教师准备充分，活动内容和形式新颖，活动过程清晰，激发了学生浓厚的兴趣。学生们体验了护士的四项基础工作，加强了反应能力和团结协作能力，养成科学探究的意识和习惯，增强了社会责任感、爱国主义情怀。

活动亮点

（1）“战地医院”的情景建设。本次活动在学习国际护士节的由来后，结合“建党百年”的社会背景，让学生戴着红军帽，从模拟的战地医院情景中，逐步提升对战地医院护士的认识，厚植学生的爱国主义情怀，强化学生的使命担当，引导学生始终保持艰苦奋斗的前进姿态。

（2）职业体验的活动形式。活动摒弃了传统的我教你学的模式，采用了“职业体验”的形式。让学生从体验中了解护士的工作职责，模仿护士及患者的角色，体验职业的乐趣。让学生能够迁移生活中关于护士的知识经验，与同学合作学习，用协商、轮流等交往策略分配角色，共同解决活动中出现的问题。此活动形式还可缓解学生对医院、护士、打针等的排斥感和恐惧心理，在生病时从心理、身体上配合治疗；让学生对护士这个职业充满敬佩的感情，体验护士工作的辛苦。

（3）集体宣誓环节设计。活动难点贯穿整个活动，每一项护士工作体验，学生都会用心体会护士的“爱心、耐心、细心、责任心”，而集体宣誓护士授帽仪式誓词，更是让学生再次明确自己的责任感和使命感。

活动不足及改进措施

在活动中发现学生们对职业体验非常感兴趣，但是在体验时，有些学生过于专注于体验卡的问卷部分，该部分占用了较多体验时间。今后的活动时间安排要更加细致，并对体验卡问卷分值比例进行调整，在活动中强调主次，充分发挥体验效果。

方案 24

悦·读科学——网络科普栏目活动

杨韬

活动背景

现阶段我国科普事业已迎来向世界先进水平靠近的历史性“拐点”，需要充分激发全社会参与科普的内生动力，积极应用新技术、新手段提供科普服务，以提升科学素质，促进可持续发展。在当前以数字化、网络化、智能化为标志的信息技术革命深刻影响着人类生产生活方式乃至思维方式。作为校外科普教育的主阵地，我们应当树立平台理念，在内容生产、传播机制、管理体制和运行方式方面不断创新。——摘自 2019.12.19《人民日报》19 版《厚植科普土壤，提升科学素养》。

活动目标

知识与技能：学生通过阅读各类科学类书籍，体会书中对于科学知识以及科学精神的表述，感受科学之美。

过程与方法：学生以文字的形式撰写读后感，在网络上自主交流，从而提升对科学的认识以及表达能力。

情感态度价值观：通过本次活动，激发学生对科学文化的热爱之情，引导学生关注科学传播的意义，提高学生的社会责任感。

活动时间和地点

活动时间：2020—2021 学年度，学期中每周三发刊。

活动地点：崇文科技馆公众号平台。

活动对象和规模

活动对象：初中以上年级学生。

活动重点和难点

活动重点：学习了解书中的科学知识，感受其中的科学精神内涵。

活动难点：用文字准确表述自己的感受与观点，并能影响其他人。

活动内容和形式

“悦•读科学”是一档有关科学阅读的网络科普栏目。每期栏目学生会通过自己的声音向广大中小学生介绍自己最爱的科普读物，并分享自己阅读感受。这个栏目将学生由读者变为了内容的制作方，让学生用自己的语言讲述他们与科普读物的故事，从而达到“让学生影响学生”的作用。同时我们与《科普时报》进行合作，将优秀作品在《科普时报》上进行发表，使学生的分享让更多人能看到。

活动准备

（1）活动组织者。负责项目的整体运作，联系学校、报社、出版社，撰写活动策划案。

（2）各学校语文年级组长。负责学生读后感的推荐。

（3）《科普时报》主编尹传红。根据栏目推荐稿件，择优发表在《科普时报》上。

（4）学生准备。阅读科学类书籍，认真撰写读后感。

活动过程及设计思路

环节	活动内容	设计意图
活动准备阶段	确定好以学生读科学读物撰写读后感作为栏目的主要内容。 联系学校（尤其是各学校语文教学组长）确定阅读书目，以及交稿时间	将科学传播活动与基础教育学科整合起来，更容易在学校内部开展。 同语文老师的合作能保证征文的质量，确保栏目的品质
栏目推送阶段	将学校推荐上来的稿件进行排版，通过读后感加学生介绍的方式进行栏目推送	个性化的展示方式是现阶段广大青少年喜欢的一种方式，在保证栏目内容的前提下给学生们更多的个性化展示空间
作品发表阶段	将栏目内优秀的、关注度高的学生作品，推荐至《科普时报》进行发表	为栏目内容提供更加广阔的展示空间，一是能满足学生个人的需求，同时也能满足学校对于自身宣传的需求
活动效果良好产生积极的效应	有出版社或出版公司，愿意提供免费的科普类图书，让学生阅读后写感受，作为图书发行的一个读者反馈	当活动运行良好，产生足够的社会效益的时候，会有许多机构自发地与活动进行整合，一方面可以提供相应的资源，另一方面也会产生更多的社会接口，使活动本身发展壮大

活动反思

信息技术与科学普及的整合已经不是新的科技教育理念了，其对教师的科学普及思想、科学传播方法、科学传播过程以及对学生的学习方式已经产生了深刻的影响。当前科学传播活动仍然是以面授的科普活动为主的方式，但通过信息化的科学传播形式，已经有越来越多优秀的网络科普活动（栏目）得到了广大学生的认可。要想使科学普及达到理想的境界，不论使用哪种传播模式、传播方法、传播手段，最关键的还是调动学生的学习积极性，使他们成为科技传播的主体。

崇文科技馆网络科普项目从 2016 年开始启动，至今已经有五个年头了，在整个发展过程中制订了崇文科技馆微信公众号的发展方向。在“新鲜、快速、有趣”（3F）理念的指引下，建立一个全新的科普新媒体平台，将核心重点放在了打造栏目、打造内容上。通过努力，我们的展示形式由纯图文逐渐向图文加音视频的方向发展，大大丰富了科学传播的形式；同时传播者由以教师为主，逐渐发展为以学生为主体，从源头调动学生参与科普活动的积极性。

从内容的选择上，我们兼顾中小学不同学段学生的发展情况。“悦 • 读科学”

栏目主要针对中学生。学生通过阅读科学文章或者书籍，以文字的形式向广大同龄人分享自己的学习感受。此项活动通过与语文学科的融合，也使很多文科生展现出了自己对于自然科学的表达。与此同时我们针对小学生也开展了科学阅读的活动，开设“一页科学”栏目，让小学生以诵读的方式将自己喜欢的科学故事介绍给其他小朋友。针对年龄的不同用不同的方式，让学生都可以参与到科学传播这项活动中来。

从开设“悦・读科学”栏目起，活动得到了全区广大中学的积极响应，汇文中学、文汇中学、广渠门中学、五十中学、前门外国语中学、景山学校、东直门中学、二中分校、五十中学分校等学校的近 100 名学生参加了此项活动。优秀的作品经平台推荐也在《科普时报》进行了发表。小学版的“一页科学”栏目的活动在全区 20 余所学校开展，100 余名学生用自己的声音向全区的学生进行着科学传播活动。受该活动选题与形式的影响，北京市中小学生科学传播大赛也相应地增加了讲科学故事以及科幻写作的项目，该活动的表现形式，间接地辐射到了全市中小学生。

方案 25

“我是小小创作人”线上线下相结合作品演示讲解

吕文

活动背景

2021 年教育部等五部门联合发布《关于大力加强中小学线上教育教学资源建设与应用的意见》(简称《意见》)。《意见》着眼教育现代化发展，通过多部门协同工作为中小学线上教育教学资源建设与应用提供支持与服务。线上教育教学资源建设可以扩大优质教育资源有效供给，深化基础教育育人方式的改革，促进教育公平、提高教育质量，是支撑我国“十四五”期间构建高质量基础教育体系、推动教育现代化进程的重要举措。

活动目标

学生结合所学编程知识，以兴趣爱好为出发点，进行创意制作并演示讲解。作品的演示讲解，不仅是对知识点汇总梳理的过程，也是一个展示自我的机会。

本次活动，教师不限定小制作内容，以“我是小小创作人”为主题，在原有形式下加入微视频内容。录制微视频的目的是以完成制作任务为驱动力，调动学生科技制作的积极性。真正实现了教师从前台到后台的转变，更好地展示了学生的思考过程，凸显了学生的主体地位。

活动时间和地点

活动时间：120 分钟。

活动地点：智能控制活动室。

活动对象和规模

小学四年级学生 12 名。

活动内容和形式

（1）学生在家长的帮助下，准备材料、完成小制作，录制微视频（第一步前期制作会预留两周时间）；

（2）所有人上交电子版资料到教师的邮箱；

（3）在智能控制活动室，教师协助学生有序进行现场的演示讲解；

（4）评价，活动小结。

活动重点和难点

活动重点：学生学会录制微视频。

活动难点：学生意识到科技活动的自我效能重要性。

活动准备

“微视频”是需要做很多前期准备工作的，学生需要在家长的帮助下，利用手机、电脑、摄像机等设备，对某一个创作的思考过程、路径等通过一定的方式（情境、图示、思维导图、流程图或 PPT 等），配合详细的阐述，制作成视频表现出来。具体准备要求如下。

教师准备：教师下发一份成功的演示模板，包括微视频、PPT（作品介绍）、评价表和任务单；教师推荐录课软件、屏幕录像工具；调试设备，确保线上线下各个环节的有效进行。

学生准备（家长辅助）：将电子版资料在规定时间内发送到教师个人邮箱。

① 作品介绍、PPT、成品小制作；

② 微视频（3 ～ 5 分钟）。

活动过程及设计思路

	教师活动	学生活动	设计意图
纪律要求	① 注意用电安全，电脑边上不允许摆放任何无关物品，例如水杯等； ② 认真听讲； ③ 教育学生不能损坏公物，在活动中爱护公物； ④ 有团队意识； ⑤ 管理好自己的电脑和作品，不要错拿别人的物品	① 个人物品统一放在教室前方柜子里； ② 活动时不能随意走动，休息时不能追逐打闹； ③ 活动结束前，拿好个人物品，有序站队，老师领队离开	帮助学生养成良好的学习与生活习惯
实例导入	① 播放 PPT 和视频，帮助学生了解活动流程。 ② 明确活动流程：作品名称→设计思路→制作过程→现场成品演示。 ③ 学生了解了活动流程，会需要改写文字资料。给学生预留一些时间完善资料	① 明确学习任务。再次查阅网盘里下载的预习资料，有疑问及时反馈； ② 认真听讲，核对材料，确认活动流程，查漏补缺，进行改写（PPT 内容包括：作品的设计理念、思维导图、编程图、制作材料、制作步骤、微视频）； ③ 核对每一环节的内容，确保环环相扣	了解活动流程，查漏补缺，可以提高学习效率
调试运行	① 提供材料； ② 帮助学生解决问题	① 核对材料无误后，开始按照活动流程一一进行排练； ② 重点调试自己的作品，这是下个环节能否顺利进行的前提	保证演示讲解的正常进行
演示讲解	① 维持秩序，把控时间。公布讲解人的顺序及时间； ② 记录学生的评价表。主要是从主题鲜明、条理清晰、创意新颖、语言规范、运行成功、微视频制作优良等方面评价； ③ 强调尊重别人的重要性； ④ 完成学习任务后，要求学生清理归纳，养成良好的习惯	① 明确自己的上台顺序与讲解时间（3 ～ 5 分钟）。对自己讲解内容的主次层次做一个梳理。基本结构：word 文字介绍、PPT 制作过程、微视频展示、现场实物演示，及其他补充； ② 认真听别人演示讲解，尊重他人的劳动成果，做到不交头接耳，并记录好评价表； ③ 离开前收拾好自己的套材与电脑，收拾垃圾，养成良好卫生习惯	演示讲解可以提升学生口头表达能力

续表

	教师活动	学生活动	设计意图
评价总结	① 提问：本次的活动中，你学到了什么？ ② 对学生的整个活动过程评价（多鼓励少批评）； ③ 总结归纳：学生作品中，涉及的板块，汇总创新点、亮点；学生演示讲解时，其他学生的听讲态度	① 积极踊跃回答问题（所学知识点、微视频制作技能、演示讲解小技巧、其他同学的优点等）； ② 谈谈本次活动的感受及收获，尤其是加入微视频内容对自己整个演示讲解的提升或是帮助； ③ 对他人的综合表现以及对他人作品的评价	相互学习，教学相长

活动效果测评

（1）评价方法。通过以下几方面进行评价：现场观察、畅谈感受、学生任务单、活动评价表、小制作、微视频。

（2）目标指向。

① 学生是否认真听讲、热情参与，学生的语言组织、肢体语言、表达能力、表现等情况。

② 学生作品的创意和完成度。

③ 学生自我评价、他评和教师的评价。

附件

任务单

任务单
一、活动名称 Linkboy 编程
二、学习内容 1. Linkboy 编程概述； 2. 测试主控板指示灯亮灭； 3. LED 小灯的点亮熄灭； 4. 按钮； 5. 交通指示灯的编程；

续表

任务单	
6. LED 点阵：一个灯的亮灭； 7. LED 点阵：流水灯； 8. LED 点阵：花样灯； 9. LED 点阵屏（综合）； 10. 画一个小“笑脸”； 11. 多个图像的动态编程； 12. 利用图像元素实现图形渐变； 13. 彩灯； 14. 数码管； 15.“倒车入库”编程 PPT； 16. 超声波测距模块； 17. 光敏电阻； 18. 旋钮滑变电阻器； 19. 红外遥控器； 20. 旋钮编码器； 21. 扬声器	
三、学习任务	
任务一：	① 通过 Linkboy 的学习，学生学会基础的编程语句，了解基本的编程语法：构建编程的思维逻辑与知识体系； ② 每次编程前都要先画思维导图，梳理清楚所需材料、模块、指令等
任务二：	① 二维仿真运行，学生学会软件界面的相关操作； ② 掌握二维仿真正确运行的流程与方法；掌握模块、指令、元素的应用过程
任务三：	实物连接下载，学生学会简单的电路连接（每次下载都要确保电路连接正确，串口选择正确。否则影响对编程正误的判断）
四、活动检测 1. 本学期所学内容中，哪些模块（功能解说有提及）含有“开启块”？ 2. 哪些模块是“条件量”？使用“条件量”编程时，对应着的“模块类”里的“功能指令”为什么不能使用（指令呈灰色），怎样能让“条件量”正常使用（指令呈绿色）？ 3. 学习了哪些指令？哪些元素？“按钮”模块不能一起使用的是什么？ 4. 检查下图程序的正误。如果正确，解说下图编程的运行效果；如果错误，画出并纠正错误的编程，再解说下图编程的运行效果。（光敏电阻 0-1024）	

续表

任务单
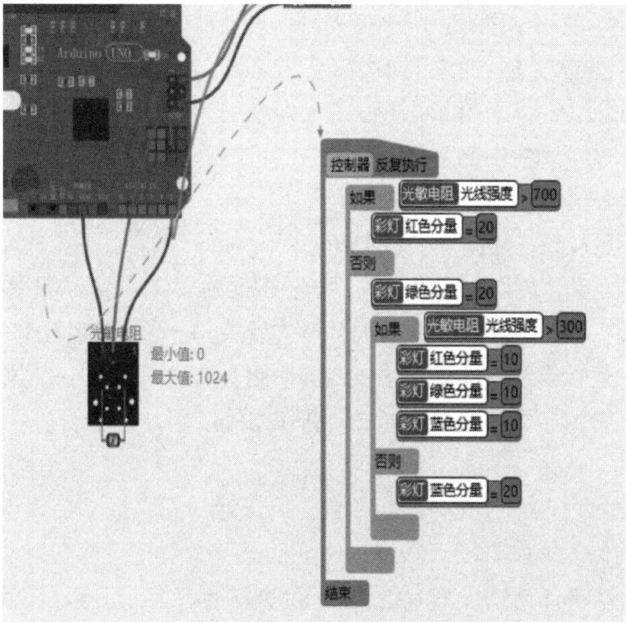 学生姓名：

活动反思

本次活动整体的完成情况很不错，学生的主动性与积极性很高，家长的参与和反馈情况也很好。微视频的整个录制过程中，家长都是参与陪伴的，可以说这是一个很好的亲子互动机会，家长能在学生有需求的时候提供帮助，同时也能了解到学生都学到了什么。

本次活动，不论是活动设计的目标，活动重点难点的落实，前期准备工作，各个环节的实施等等，基本达到了预期的效果。

活动亮点

（1）凸显学生主体地位。录制微视频，学生的角色开始发生改变，由一个被动的学习者变成知识的传授者，他们用自己的方式去诠释科学知识，成为活动的主体。同时，学生在活动中进行分析、比较，综合相关材料，对作品进行修正、完善，他们对知识的认知更加深刻，实现自身的成长。学生在创造与对话中，学会思考、学会表达。

（2）激活学生创新思维。科技活动以“培养求异思维和创新精神”为思想精髓，鼓励学生独立思考、标新立异，以逐步形成独特的思想意识。

（3）提升学生科学素养。学生微视频，虽然每次呈现的只是少量的知识，却是学生以“自己的方式”抓住了所学知识的本质，焦点集中，目标明确，且能以滚雪球的方式积少成多，聚沙成塔。它让学生进行了充分的思考、自由的表述，真正把学生看成了活生生的、具有萌发生长机能的种子，激活了学生自主制作的热情，从而提升科学素养。

活动的不足及改进措施

（1）完善要素，创作一个优质的“学生微视频”。本次活动只是教会学生使用录屏软件，内容和作品比较简单，很多学生反映自己想说的都没来得及表达。甚至，有的学生还想尝试其他多媒体技术的使用。为了满足学生的学习需求，在今后的活动设计中，会更加注意新形式、新技术的应用，让他们学习到更多实用的知识技能。

（2）调试好小制作，充分利用平台进行演示讲解。活动后，也有学生懊悔，在台上讲解时由于紧张，没有很好地展现自己，没有将自己的想法更好地表述。也有学生因为小制作最终没有运行成功而遗憾，希望自己在以后的线上线下相结合的演示讲解中表现得更好一些。

方案 26

十年的磨砺、百年的成长——献礼建党 100 周年系列影视作品创作活动

李谦

活动背景

以习近平主席在全国教育大会上的重要讲话精神为指导，坚持把立德树人作为根本任务，以完善人格、培育人才为目标，通过活动提高学生综合素质，促进学生全面发展。贯彻教育部、中共中央宣传部《关于加强中小学影视教育的指导意见》精神，引导学生通过微视频、定格动画形式了解党史、学习党史、感受党史、传播党史。

本次活动为媒介素养中级班作品创作单元的第二个环节，学生学段为小学五年级至初中一年级，本环节教学分小学（定格动画）、初中（微视频）两个层次进行。中级班的学生均在初级班学习一年以上，设备使用和软件操作已熟练掌握。前边的活动中，将中国共产党的百年历程每十年分为一个阶段，学生们分组选择了一个阶段、确定了拍摄主题，并完成了编写剧本、搭建场景、拍摄分工等前期准备工作。本次活动全程为专业实践，计划完成作品的拍摄部分，旨在通过创作，让学生了解相关历史，提高微视频（定格动画）制作的实操能力。

活动目标

（1）完成党史宣传作品拍摄，体现学习的价值。

（2）自觉、有效地获取、评估、鉴别、使用信息，增强网络伦理道德与信息安全意识，适应社会信息化发展趋势。

（3）了解国家历史、中国共产党历史，通过作品反映史实，弘扬正能量。

（4）提高实践操作能力，熟练掌握微视频（定格动画）拍摄方法。

活动时间和地点

活动时间：120 分钟。

活动地点：媒介素养活动室。

活动对象

媒介素养中级班学员。

活动内容

依照剧本完成微视频（定格动画）作品拍摄。

活动重点和难点

活动重点：依照剧本完成微视频（定格动画）作品拍摄。

活动难点：统筹把握、分层教学。

活动准备

准备摄像机、电池、三脚架、摄像头、整理箱、电脑、彩纸、彩笔等。

活动过程

活动环节	教师活动	学生活动	活动设计意图
拍摄前准备	听取小学各组拍摄方案，围绕确定主题提出建议	① 小学组分组复述动画梗概，表述中心思想； ② 中学组检查拍摄设备、熟悉台词	帮助学生梳理拍摄思路，检测学生自主学习党史成果，引导学生进入活动状态

续表

活动环节	教师活动	学生活动	活动设计意图
发放设备	确保小学各组电脑、设备正常，听取中学组拍摄计划、对人员和场地的需求	① 小学组领取整理箱，检测设备、电脑是否正常，核对所需道具、场景； ② 中学组梳理访谈问题，确认拍摄方案	带领学生做好拍摄前的准备工作
布置任务	强调本次活动目标、结束时间，提出对作品的基本要求	中、小学组：明确活动任务，按场景大致分割拍摄时间	强化学生的时间观念，锻炼学生对时间的规划和把控能力
分组综合实践	① 安排小学各组开始拍摄； ② 带领中学组学生熟悉三个室内、三个室外备选拍摄场地； ③ 按照导演安排，从两个小组找 4 名受访学生到拍摄地点； ④ 向受访者进行简要说明，介绍受访者与导演互相认识； ⑤ 回到活动室，了解小学各组学生拍摄进度，提醒学生剩余活动时间。巡视拍摄过程，发现问题进行个别指导； ⑥ 查看中学组拍摄进度，记录拍摄过程中出现的问题； ⑦ 室内外两组轮流巡视，关注各组拍摄进度； ⑧ 按照中学组导演安排，从另两个小组再找 4 名受访学生到拍摄地点；	① 小学组开始分组按照剧本拍摄定格动画作品； ② 中学组学生挑选拍摄场地，确定拍摄顺序； ③ 确定机位、调试设备，录制微视频开场词； ④ 导演向受访人说明拍摄内容及要求，进行问答预演，调整受访人状态。摄像拍摄采访花絮； ⑤ 中学组进行第一组、第二组党史知识问答采访录制； 小学组继续定格动画作品拍摄； ⑥ 中学组继续进行前两组采访视频的录制； ⑦ 两组分别继续进行自主实践； ⑧ 更换拍摄场地，重新调整设备，录制微视频串场词；	锻炼学生选景和摄像机挡位、参数调整的能力； 锻炼学生的沟通能力； 中学组自主进行微视频实践拍摄； 了解小学组学生的拍摄情况，帮助学生提高拍摄质量，把控拍摄进度。 记录问题，不打断学生拍摄，保证导演思路的流畅性； 把控活动进程，关注学生拍摄内容，发现问题及时指出；拍摄照片资料； 丰富视频场景，避免枯燥。锻炼学生选景和摄像机挡位、参数调整的能力；

续表

活动环节	教师活动	学生活动	活动设计意图
分组综合实践	⑨ 向受访者进行简要说明，介绍受访者与导演互相认识； ⑩ 室内外两组轮流巡视，关注各组拍摄进度，提醒学生进入拍摄收尾阶段	⑨ 导演向受访人说明拍摄内容及要求，进行问答预演，调整受访人状态。摄像拍摄采访花絮； ⑩ 两组分别继续进行自主实践，进度快的进行问题修正，进度慢的加快拍摄节奏	锻炼学生的沟通能力； 把控活动进程，提醒学生剩余时间；拍摄照片资料
结束拍摄	将中学组学生带回活动室，安排视频资料导出；督促小学组学生结束拍摄，生成影片	两组学生结束拍摄， ① 中学组学生将拍摄素材导入到编辑电脑； ② 小学组学生将所拍动画生成影片，起好名称，保存在指定位置； ③ 等待生成时整理设备、器材、道具、场景等	严格把控时间，强化学生的时间观念； 将拍摄完成的微视频（定格动画）作品保存好，准备下次活动做后期编辑
总结	① 组织学生安静坐好，调整心情； ② 肯定学生的积极表现，对所有学生提出表扬； ③ 带领学生回顾各组学生的作品； ④ 布置下次活动任务，最终作品要进行网上分享	① 简述作品拍摄的内容，立意； ② 回家将后期编辑会用到的音频文件（对白、解说、音效、背景音乐等）提前保存在U盘中，下次活动使用	① 放松心情，平复学生紧张情绪； ② 鼓励学生保持积极的学习态度； ③ 通过相互交流，丰富学生党史知识学习，增强德育教育效果； ④ 为后期编辑做准备，通过最终作品的分享弘扬正能量，体现学习价值
活动后整理	① 清点、整理设备； ② 组织学生打扫环境卫生； ③ 组织放学	① 按组整理、归还设备，并将设备分区放好； ② 关闭电脑、收拾桌面、地面、桌椅归位； ③ 带好个人物品后在活动室门口排队，等待放学	培养学生良好的学习习惯，材料、器具分类整理，用完的学具放回原位； 提高学生的劳动意识和主人翁意识

活动效果测评

实践过程：实践过程中，通过巡视关注学生参与度，随时了解学生对基础知识、技能的掌握程度和作品完成进度。对自主学习遇到问题的学生进行个别指导。

学生作品反馈：通过观看学生作品，检测学生实践效果，通过作品完成质量，检测学生本阶段的学习效果。

方案 27

花开课外校外，绽放多彩童年——东城区青少年素质教育成果展示活动

王雨涵

活动背景

习近平总书记强调："坚持以美育人、以文化人，提高学生审美和人文素养"。本次活动深入贯彻习近平总书记重要讲话精神，在新中国成立70周年之际，以立德树人为根本任务，厚植爱国主义情怀。把弘扬社会主义核心价值观和培养全面发展的人放在重要位置，培育学生团结互助、欣赏美、表达美的核心素养。

本次活动是结合东城区校外展演活动及课外活动开展的一次教育教学活动，借助校外阵地优势，将课外校外教育教学进行有机结合，给广大青少年学生搭建展示及学习平台，学生能够全面展示素质教育成果，以此进行此次活动的设计与实施。

活动目标

参演学生能够通过舞台展示，提升舞台感知力，增强艺术表达和创意表现的兴趣和意识；通过器乐演奏、舞蹈等集体表演，提高团队协作能力；在彩排及演出的过程中，学会互帮互助，增强奉献精神。

观演学生通过观看丰富多彩的节目，激发学习兴趣以及提高发现美、感知美、欣赏美的能力。

通过此次活动，能够更好地弘扬社会主义核心价值观以及培养学生的

爱国主义精神。

活动时间和地点

活动时间：90 分钟。

活动地点：东城区少年宫剧场。

活动对象和规模

东城区各小学及校外教育机构，参演及观演师生 900 余人。

活动内容和形式

活动内容：活动包含舞蹈、合唱、器乐、朗诵、京剧、航模表演等内容。

活动形式：联动课外校外的综合类素质教育成果展示活动。

活动重点和难点

活动重点：

① 参演学生对表演内容的把握程度，对节目的参与，协作及展现能力。

② 观演学生兴趣点、积极性的激发和审美情趣的调动。

活动难点：学生在表演及观看过程中，社会责任感得以增强，社会主义核心价值观内化于心，外化于行。

活动准备

（1）教师准备

① 进行活动策划与筹备，确定导演组，完成活动方案。

② 联系参演师生，召开活动推进会，确定活动形式。

③ 了解活动场地，进行活动彩排，调试灯光音响等设备设施。

④ 发布活动通知，收取回执，制作现场座位图。

⑤ 完成活动安全预案，提示师生活动过程中注意事项。

⑥ 确定人员分工，召开工作人员会。

⑦ 撰写新闻稿，邀请媒体，做好活动宣传工作。

（2）学生准备

① 认真准备节目及排练。

② 参加彩排，掌握各类道具的使用方法，注意站位，注重团队配合。

活动过程及设计思路

活动环节	教师活动	学生活动	设计意图
明确目的	① 完成开场前准备工作，有序引导学生入场及进入候场区域。 ② 播放《观演须知》，提出活动要求，规划场地应急路线	参演学生：等待登场。 观演学生：领取国旗，入场完毕。 全体学生：认真观看，提升安全意识，遵守活动要求，培养日常行为习惯	① 引导参演学生认真对待活动的每一环节，珍惜每一次机会；做好热场工作，激发观演学生对活动内容、形式的兴趣。 ② 注重学生的行为养成性教育，提升学生遵守规则的意识，培养学生应对突发事件的能力
活动引入	①播放《东城校外再创辉煌》短片	全体学生：认真观看短片	①引导学生更好地进入活动，通过短片让师生对活动有一个初步的了解，通过视频方式体现校外教师育人情怀
	② 主持人引入“序幕”	参演学生：表演管弦乐节目《对花》。 观演学生：认真观看	② 参演学生能够运用管弦乐团相关知识，观演学生初步了解管弦乐团的组成，学会团体合作，互相配合
进入篇章	① 介绍“在这里·启航”篇章	① 参演学生：表演小合唱节目《杨柳叶子青》、舞蹈节目《悠然生趣》、民乐节目《送我一枝玫瑰花》。 观演学生：认真观看	① 学生学会专业知识，能够健康快乐地成长，懂得欣赏美的事物，对新鲜事物具有好奇心和求知欲
	② 介绍“在这里·成长”篇章	② 参演学生：表演吟诵书法节目《我有嘉宾永以为好》、京剧节目《霸王别姬》、民乐节目《鸿雁》、民族舞蹈节目《情深谊长》等中华民族传统节目。 观演学生：认真观看	② 学生能够懂得坚持不懈、持之以恒，收获精彩的演出。能传播弘扬中华优秀传统文化

续表

活动环节	教师活动	学生活动	设计意图
进入篇章	③ 介绍“在这里·绽放”篇章	结合新中国成立70周年主题，融入科技元素展示形式，学生表演朗诵节目《祖国，让我用青春的名义为你歌唱》、京剧节目《智取威虎山》、科幻舞蹈节目《心跳节奏》《炫》《派对火车》等节目，最后全体同唱《我和我的祖国》	③ 展现专业知识，体现课外、校外丰富多彩的活动。学生能够朝着梦想不断努力，努力前进。借由本次活动表达对祖国的热爱之情厚植爱国主义情怀，进行爱国主义教育
总结活动	组织全体参演师生代表及观演代表合影留念		① 总结本次活动，展望未来的校外教育。 ② 学生能够珍惜美好的时刻，享受辛勤付出所收获的素质教育成果

活动效果测评

（1）过程性评价。通过现场观察法在活动开展过程中观察参演学生和观演学生的状态，对于展示活动的专注的喜爱程度。

（2）结果性评价。通过调查问卷与访谈调研法，线上互动和线下交流相结合，了解课外校外教师、学生等活动参与者的感受与收获。

活动反思

2019年12月18日下午，“花开课外校外，绽放多彩童年”东城区青少年素质教育成果展示活动在东城区少年宫剧场成功举办。纵观活动全局，历经4月有余的精心策划与筹备，在新中国成立70周年之际，东城区7所校外教育机构及3所小学的350名青少年学生准备了内容丰富、形式多样的节目，通过“在这里·启航”“在这里·成长”“在这里·绽放”三个篇章，展现出了新时代青少年学生积极向上的精神风貌，共有600余位师生共同观看了本次活动，实现活动预期目标，拓宽校外“活动育人、实践育人”新途径。

活动亮点

（1）学生全面发展，展示素质教育新成果。紧扣时代主题，认真贯彻落实习近平总书记重要讲话精神，在新中国成立70周年之际进行爱国主义主题教育，坚持以学生为中心，注重学生主体地位，贴近学生发展需求，培养青少年的艺术表达和创意表现的兴趣和意识，团队协作能力以及互帮互助，增强奉献精神。

（2）教师教学相长，打造校外教育新品牌。成立教师导演团队，来自东城区5所校外教育机构的10余名校外教师先后进入到导演团队中，发挥各自专业优势，共同策划筹备本次展示活动。不断提升能力、发挥教师主导作用，造就一支“师德高尚、专业深厚、能力全面、充满活力”的校外教师队伍，打造校外教育品牌项目。

（3）花开课外校外，探索校外育人新模式。充分发挥校外教育机构功能优势，将科技和艺术结合在舞台之上，依托课外活动深入挖掘校内外优质教育成果，利用校外育人优势，将课外、校外教育有机结合，通过本次展示活动进行素质教育成果展示。

活动不足及改进措施

（1）未能全面满足广大青少年学生的教育需求。需要扩大受众面，开展线上线下相结合、形式多样的系列活动，重点满足学生的实际需求，体现学生的实际获得，提升活动育人时效。

（2）课外校外教育联动需要进一步加强。充分发挥校外教育机构的作用与职能，扩大社会优质资源共享。

青少年素质教育成果展示活动的开展，为青少年学生搭建了成长交流的平台，也为校外教师提供了提升教育教学综合能力的机会，更为校外教育未来发展指明了方向。作为东城校外教育人，我们将继续不忘初心，聚焦素质教育、聚力学生核心素养提升，为东城区青少年的发展、为东城教育取得更好的成就做出突出的贡献。